まどうてくれ

藤居平一・被爆者と生きる

大塚茂樹

旬報社

はじめに

広島県廿日市《はつかいち》市の郊外に、標高一三三九メートルの冠山《かんむりやま》があります。その山頂から遠くない場所に太田川の源流点があります。ひとしずくの水が地中を伝わって集まり、この源流点を作り出しています。この源流点から、太田川の河口にいたる一〇三キロの旅が始まります。

気の遠くなるような時間が積み重なるなかで、太田川は上流から中流へ、中流から下流へと流れてきました。この川の源流部から河口へと車を走らせると、何本もの川がこの川に流れ込み、何本もの流れがこの川の支流として分かれていくのを見ることができます。

やがて広島市内に入っても、太田川の清い流れは続きます。太田川放水路と太田川本流に大きく分かれた後、本流の流れは五本に分かれていきます。

上空から太田川の流れを河口に向かってたどれば、広島の街が六本の川で作られた三角州の上にあることを実感できるでしょう。（長い間七本の川があったのですが、戦後の太田川放水路の工事でもともとあった川を埋め立てたために六本となったのです）。

広島の名前は、世界に広く知られています。それは、世界で初めて原爆が投下された都市であるという事実によっています。

一九四五（昭和二〇）年八月六日午前八時一五分、元安橋《もとやすばし》のそばにある島病院の上空約六〇〇メートルの地点で炸裂したのは、原子爆弾でした。爆発点は数百万度に達し、強力な熱線と爆風、放射線が発生し、人びとは焼かれ、多くの人びとが命を絶たれました。年末までの四カ月間で約一四万人もの人びとが原爆で命を奪われました。

広島に原爆が投下された三日後の八月九日午前一一時二分、長崎市に再び原爆が投下されました。長崎では年末までの四カ月で、約七万四〇〇〇人が亡くなりました。

この二発の原爆は、アメリカが投下しました。今から六六年前まで、日本とアメリカは四年近くも戦争をしていたのです。そして日本の敗戦がもう明らかになっていた戦争末期に、アメリカは敢えて原子爆弾という大量殺戮《さつりく》兵器を使用したのでした。

広島と長崎、この二つの都市の人びとが、広島は八月六日、長崎は八月九日という原爆が投下された「あの日」において、どのように原爆によって殺され、傷つけられていったかについては、今まで数えきれないほどの書物や映像で描かれてきました。世界でヒロシマとナガサキが広く知られていることは、海外の人びとと話してみるとよくわかります。

しかし、多くの書物と映像で原爆の悲惨さが報道されても、原爆が人間に何をもたらしたかを理解するのは容易ではありません。本書を執筆する私も、被爆者のことばに耳を傾けながら原爆投下の衝撃について考えてきました。しかし、私が理解できているのは、いまだにごく限られたことにすぎません。

八月六日の広島と八月九日の長崎で、人びとがどのように原爆の被害を受けたのか。原爆が投下された「あの日」をいかに理解していくかはこれからも大切です。

しかし、もう一つ忘れてはいけない主題があります。それは広島と長崎における原爆投下で傷つけられた人びと（多くの呼び名がありましたが、当初は被災者と呼ばれることが多く、後に原爆被害者という呼称も広まりました。この半世紀以上は一般に被爆者と呼ばれています）が、「あの日」からその後の日々をどれほどの苦しみや悲しみを抱えて生きてきたかという問題です。その苦しみや悲しみがあまりにも深かったので、多くの人は沈黙を保ち続けました。しかし、やがて原爆被害者たちは社会に向かって原爆による被害を訴え始めていきます。原爆が投下された「あの日」から六六年を迎える現在まで被爆者は何を求めてきたのでしょうか。それを本書でぜひ考えたいと思います。

本書の主人公である藤《ふじ》居《い》平《へい》一《いち》さんは、その主題に密接にかかわる人物です。一九一五（大正四）年に広島市で生まれた藤居さんは、原爆が広島市に投下されたときは東京にいました。したがって八月六日に原爆で直接に傷つけられた被爆者ではありません。しかし、父と妹をはじめとして、何人もの親族を原爆によって失った藤居さんも、原爆で深刻な被害を受けた一人でした。戦争が終わって、父の後を継いで銘木店《めいぼくてん》の社長となった藤居さんは、四〇歳近くになって重大な決断をしました。原爆によって身体と心を傷つけられ、ひっそりと生きていた原爆被害者を救いたいと思ったのです。そして藤居さんは、会社の仕事をなげうって原爆被害者の運動と原水爆禁止運動のために自らの生活をささげます。

藤居さんが原爆被害者とともに立ち上がったのは、原水爆禁止を求める声が急速に高まった時代でした。一九五五（昭和三〇）年八月には最初の原水爆禁止世界大会が開かれました。長らく孤立と沈黙を強いられてきた原爆被害者が集まって、社会と政府に対して、傷つけられた身体と心を元に戻してほしいと訴え始めた時期でした。広島の原爆被害者の誰からともなく語られたのは「まどうてくれ」（償《つぐな》ってくれ、元にもどしてくれ）ということばでした。自分たちの傷つけられた身体と心を返してほしいという痛切なる思いが刻み込まれたこのことばを、藤居さんもよく使いました。

広島と長崎だけではなく、全国の原爆被害者が集まって、一九五六年に日本原水爆被害者団体協議会（日本被団協《にほんひだんきょう》）という団体がつくられました。初代の代表委員の一人であり事務局長を務めたのは藤居平一さんでした。

原爆で広島の街が破壊しつくされてから現在にいたるまで、六六年の歳月が過ぎ去ろうとしています。原爆被害者たちが沈黙をやぶって、行動を開始した半世紀以上前のことを直接知る人も今では少なくなりました。
それらの原爆被害者たちのことを、そして原爆被害者とともに起ち上がった藤居さんを、読者の皆さんにぜひ知っていただきたいと思って本書を執筆しました。

本書は、藤居さんが生まれ育った大正時代から始まり、昭和の戦争の時代へと進んでいきます。今から八〇年前、九〇年前とは何と遠い時代でしょうか。

しかし、その時代のことを知らなければ、広島、長崎の原爆投下の意味を理解することはできません。そして原爆投下からその後の六六年間に原爆被害者（被爆者《ひばくしゃ》）がどう生きてきたのかを理解することによって、一九四五年八月六日と九日とは何であったのかが、時を越えて新たな角度からあぶりだされてくると思います。

世界の現実は、私たちが核の脅威の高まりを黙認してはいけないことを教えています。地球上には二万三〇〇〇発近くもの核兵器が存在するなかで、核なき世界への道が切実に求められているのです。

そして二〇一一年三月一一日の東日本大震災と津波によって、二ヵ月後に死者・行方不明者は二万五〇〇〇人近くに達しています。福島第一原子力発電所の事故は、深刻な放射能汚染をもたらしています。広島、長崎への原爆投下で二つの都市が壊滅し、一九五四年のビキニ事件で水爆実験の犠牲者を生み出した日本が、時代を越えて原子力開発を源とする放射能によって脅威にさらされているのです。危険な原発を長らく放置してきた責任も問われています。

このように核の脅威とは何か、放射能被害とは何かは、歴史的な重さを持って私たちの眼前に迫っています。核爆発による被爆者、巨大原発事故の放射性物質による被曝者《ひばくしゃ》を一国の歴史で生み出したのが日本です。被爆者と被曝者、この二つのことばをヒバクシャということばに置き換えるならば、六六年前の広島、長崎から始まって、放射能の脅威に直面する世界の現実とも響き合っていくことになります。

しかし、まずは本書を藤居平一さんという一人の男の物語として読み進めてください。若いときからスポーツ万能で一七八センチという立派な体格をしていた藤居さんは、いつも堂々とした物腰の大らかな人柄でした。そして一方では、細かな配慮も行き届いていて、一度会った人には鮮やかな印象を残す個性の持ち主でした。

本書では、この藤居さんと原爆被害者（被爆者）の歩みをたどりたいと思います。そして、藤居さんが限りない情熱を傾けた原爆被害者（被爆者）の運動、原水爆禁止運動の盛り上がりとは何だったのかを読者の皆さんと考えていきたいと思います（以下、文中での敬称略）。

〔注〕本書では原爆の被害を受けた人たちを表現するのに被爆者という言葉だけでなく、原爆被害者という語も用いています。

目次

第一章　本川で鍛えた快速スイマー

本川の川べりに育って

藤居平一の少年時代を知る人たちは、「平一つぁん」と呼ばれたこの少年が長身で浅黒い肌をもち、スポーツが大得意の少年だったと思い出します。平一は、幼いときから家の前の本川《ほんかわ》で泳ぎを身につけました。友だちを誘っては、毎日のように川で泳いでいました。

本川とは太田川本流の名前です。平一の少年時代には、太田川は広島市内で七本の川に分かれていました。七本の川とは、東から猿猴川《えんこうがわ》、京橋川《きょうばしがわ》、元安川《もとやすがわ》、本川、天満川《てんまがわ》、福島川《ふくしまがわ》、山手川《やまてがわ》という順番になります。

友人たちの間で平一の水泳の腕前は飛び抜けていました。岸辺から何人かが同時に勢いよく水中に飛び込むと、平一は頭一つ抜け出しています。川の流れをものともしない、強くてリズミカルな動きに友人たちも感心するのでした。

「平一っぁん」

友人たちが叫ぶと、いち早く向こう岸にたどり着いた平一は得意そうに手を振りました。

伝馬船《てんません》を操るのも平一は巧みでした。流れをさかのぼって舟をこぐ平一の身体は、みなぎる筋肉ではちきれそうでした。

しかし友人たちが好きな魚釣りには平一は興味を示しませんでした。「平一っぁんも釣りをしょうやあ」と友だちが誘っても、「わしはやらないんじゃ」と平一は答えたのでした。


平一の少年時代、本川は美しい流れを誇っていました。群れをなしている魚たち、水底の砂も輝いて見えました。美しい川辺の風景は流域の人びとの生活にとけ込んでいました。川べりの家々の軒先には小舟が揺れ、人びとは川で泳ぎ、川で魚を捕り、川の流れを見ながら、一息つくことができました。川岸には川に降りる階段である雁木《がんぎ》が作られていて、水辺を利用しやすくなっていました。舟を着けるときにもとても便利でした。

美しい川面《かわも》を多くの舟やいかだが行きかっていました。川という交通路で、多くの物資が上流から下流へと運ばれてきます。一方、下流から上流へと帆をかけてのぼっていく舟がありました。野菜やござなどを運んでくる舟も目立ちました。いかだで運び込まれた物資によって商《あきな》いをする家も川沿いに多くあったのでした。

藤居平一は一九一五（大正四）年八月七日に広島市の本川にかかっている住吉橋から近くの河原町《かわらまち》の家で生まれました。父の仕事は銘木店《めいぼくてん》です。銘木店というのは、材木店とは少し違う仕事ですが、山から運び出された木材を加工して、販売するという点では共通していました。本川の近くに家があり銘木店を経営していたのは、太田川の上流からいかだで木材が運ばれてくるのに好都合だったからです。河原町には運送業、米・材木などの問屋が集中していました。

平一の生まれた年は、日露戦争の終結から一〇年が経過していました。一年前に、第一次世界大戦が始まったばかりでした。広島の街は、日清戦争や日露戦争とも深い関係がありました。日本は第一次世界大戦には遅れて参戦しましたが、経済的な恩恵を受けることになりました。広島でも軍需景気《ぐんじゅけいき》で栄える人がいました。戦争は人びとの生活にとても大きな影響を与えるのでした。

もちろん子ども時代の平一は、第一次世界大戦についてわかっていたわけではありません。ただ広島という活気のある街に生まれ、家が商売に成功していることは、めぐまれた生い立ちであったといえるでしょう。

父・完一はおだやかな人柄でした。そして自分の商売を発展させるだけでなく、他人のためにつくすということを信条としていました。完一は広島で大きな影響力を持つ浄土真宗を信仰する安芸門徒《あきもんと》でした。仏教徒として、殺生《せっしょう》を禁じるという立場から、平一たち兄弟には釣りをすることを禁じていたのです。本川では、いくらでも魚が釣れたのに、藤居家の兄弟たちは釣りが認められていませんでした。平一が釣りに無関心であったのは、このような理由があったからでした。

平一は広島高等師範学校附属小学校《しはんがっこうふぞく》に入学しました。広島高等師範学校とは全国でも注目される名門校で、西日本を代表する教員養成校でした。この小学校は、市内でも恵まれた家庭の優秀な子どもが学んでいるところとして知られていました。平一は小学校時代から、読み書きなどにとても秀《ひい》でていました。そして学校の成績が良いだけでなく、運動神経が抜群でとても元気があり、リーダーシップのある子どもだったそうです。いつも親分肌で、弱い者の味方になりました。それゆえ級友たちは「平一つぁん」のことを頼りにしていました。言い出したらきかないという勝気な性格と明るさ、そして弱きを助け、強きを挫《くじ》くという義侠心《ぎきょうしん》にあふれていました。この性格を平一は生涯持ち続けていきます。

小学校の修学旅行で、平一は九州に行きました。平一たちの学校は生徒数も少なく、きわめて教育熱心で、恵まれた家庭の子どもが多かったために、平一の学年ではあえて遠方の九州まで足を運んだのでした。この旅行で、平一の印象に強く残ったのは、熊本のハンセン病の施設で外国人が働いていることでした。ハンセン病という難病に苦しむ患者さんがいて、英国人の女性が患者さんを救うために働いている姿に強い印象を受けた思い出を、後に平一は語っています。この英国人の女性とは、熊本の回春《かいしゅん》病院で働いていたハンナ・リデルかその仲間であると思われます。

伸びやかな学園生活のなかで

平一は、広島高等師範学校附属小学校を卒業し、同附属中等学校（現、広島大学附属中・高等学校）に入学しました。附属小学校と同じくこの附属中学の生徒も市内の恵まれた家庭の優秀な生徒が多く、お坊ちゃん学校という定評もありました。同校では音楽や図工も教科として教えられていました。今ではそれを男子が学ぶのは当たり前ですが、当時それらの教科があったのは全国的にも他に例を見ないことだったといいます。それに加えて同校では、生徒たちの身体を鍛えることに力を入れていました。数学や英語などの教科だけでなく、全人的な教育を重視することを学校の目標として掲げていたのです。

校庭にはアカシアの樹が何本も植わっていました。この樹はこの学校のシンボルでした。アカシアの高い幹には緑の若葉が繁り、白い花が咲けば校舎の二階からも感じとれるほど、かぐわしい香りがただよっていました。生徒たちにとって、アカシアの樹々も学校の思い出となりました。

さて平一は中学校に進んでからも、水泳にさらに磨きをかけました。平一は、やがてその名前の通り、平泳ぎにおいては誰にも負けない腕前を示していきます。後に明治神宮競技大会（国民体育大会の前身）に出場したほどですから、その実力は折り紙つきでした。その一方で、柔道部員でもあり、夕方には道場で稽古に励みました。こちらも体格と体力に恵まれ、瞬発力も抜きんでていたために、めきめき上達して黒帯を取りました。

それ以外にもサッカーの応援団長を務めたり、似島《にのしま》で開かれたくろんぼコンテストでは断トツで一位になったり、話題には事欠かない平一でした。身体もぐんぐん大きくなって、紺の木《も》綿地《めんじ》の制服はすぐに小さくなってしまいました。

平一の実力が存分に発揮されたのは、山口県室積《むろづみ》での臨海学校でした。附属中学の夏休み、宇品《うじな》（広島市の南にある港）から生徒たちを乗せた船は瀬戸内海を西へと進みました。山口県光《ひかり》市《し》にある白砂青松《はくさせいしょう》の海岸が室積です。この地でふんどし姿の生徒たちは、一〇日間の共同生活を過ごすのでした。新入生も参加して泳力別に分けられたチームが作られ、三年生以上の選ばれた生徒が助手として指導役を務めます。誰もがのべ一〇キロを泳ぐことを目標にしています。助手たちは泳ぎが達者であり、教え方も上手なので、多くの生徒たちがめきめきと上達するのです。

炎天下での日々、大敵は肌の水ぶくれでした。水ぶくれをおこして、肌が痛くてたまらなくなると、天然の治療薬である桃の汁をすりこんで、生徒たちはまた一心不乱《いっしんふらん》に泳ぎました。一〇キロの遠泳のときには、生徒たちに寄りそうように進む舟では太鼓がたたかれ、力いっぱい応援がなされるのでした。

平一にとって、室積は最高の舞台でした。幼いときから磨きに磨きをかけてきた泳力は、誰もがほれぼれするものがありました。三年生のときに水泳助手に選ばれたのも当然でした。助手を務めた者同士で舟をこいで沖へ出たり、輝く星空の下で歌を歌ったりという忘れがたい思い出ができました。

一方、教室での勉強にも平一は努力しました。小学校のときにはあまり勉強しなくても授業に楽々とついていけましたが、中学校に入ると勉強も次第にむずかしくなってきます。元来、平一はきわめて物覚えもよく、考える力もあります。しかし、水泳や柔道においても日々の厳しい練習が必要であるのと同じように、勉強においても日々の努力が何よりも大切でした。水泳や柔道の猛練習を終わったあと、勉強をするのはなかなか骨の折れることでしたが、平一は必死で努力しました。

担任の曽田梅太郎《そだうめたろう》先生は、平一をとても頼もしい生徒だと思っていました。曽田先生はベテランの数学教師で、教具のコンパスを開発したことでも知られていました。また柔道部の顧問を長く務めた経験もあって、平一には目をかけていました。

曽田先生が平一に期待したのは、運動選手としての能力や生まれもって備えている頭脳だけではありません。それは平一がとてもリーダーシップのある生徒で、周囲の生徒をぐいぐいと引っ張っていく力を持っていることでした。平一が、必死に勉強をする姿勢をみせれば、それが周囲の生徒を必ず引っ張っていくことを曽田先生は見抜いていました。それだけに、平一には大いに期待していたのでした。

もっとも今と違って五年間もある当時の中学校生活においては、平一もときには勉強をなまけたくなるときもあったようです。友人たちと勉強をさぼろうということを冗談半分に誓い合ったときもあったようです。

しかし、曽田先生は平一が限りない可能性を持っていることをわかっていましたから、たえず励ましのことばをかけ続けました。その曽田先生の気持ちをくみとった平一は、また勉強に力を入れるのでした。こうして中学在学の五年間、平一はスポーツと学業とを両立させ続けました。クラスの中心であった平一に影響されるように、とてもまとまったクラスでした。勉強にもスポーツにもよく努力するクラスとして、担任の曽田先生の指導のもとに一九三三年三月、全員が立派に卒業することができました。平一たちクラスメートは、先生に深い恩義を感じて、卒業後も終生にわたって礼を尽くしました。

ちなみに曽田先生は、どんな生徒にも愛情を持って指導することを信条としていた教師だったようです。「教育は愛　劣等県をつくることは　教師の罪であり　恥である」という曽田先生のことばが郷里に建つ胸像に刻まれています。

藤居銘木店の成り立ち

平一の家が銘木店であることは、先に書きました。しかし、そもそも祖父の代には材木店としてスタートしています。明治の初めに、平一の祖父、藤居光太郎《ふじいみつたろう》は本川沿いにある今の神崎《かんざき》小学校の地で、木材の商いを始めました。光太郎の実家は太田川の中流域にある広島県山県郡《やまがたぐん》安野村《やすのそん》坪野（現在は安芸太田町《あきおおたちょう》坪野）でした。

太田川の流れを下流へと進み、光太郎は杉材を運んでは商いをしました。広島産の杉を使って酒樽《さかだる》をつくり、灘《なだ》（兵庫県）の銘酒《めいしゅ》である白鶴《はくつる》の酒樽として販売するのが仕事でした。今では一升びんを使うのがふつうですが、昔は杉で作った樽にお酒を入れていたのです。杉の香りがお酒と一体になると、お酒はさらにおいしくなるのです。また酒樽のほかには、酒おけ、造船用材なども手がけたそうです。商売は繁盛して、多くの人が店を訪ねてきました。同業の材木店主や大工もいました。藤居材木店にはいつも酒樽が用意され、客人《きゃくじん》たちにはお酒がふるまわれていたそうです。

明治後期になると、藤居材木店は銘木、床《とこ》の間《ま》用材の販売に力を入れていきます。そして光太郎の息子であり、平一の父である完一が二代目として仕事を継ぎました。銘木を本格的に扱い始めたのは、父、完一の時代です。

ここで銘木について少し説明しておきましょう。銘木とは、一般の木材とは区別して、色・形・材質・つやなどがすぐれた木、風格と気高い美しさを持った木のことをいいます。原木のままで銘木であるものもあれば、多くの人間が手を加えることによって初めて銘木になるものもあります。

材木店と銘木店とはどう違うのでしょうか。材木店は家の骨格ともいうべき構造にかかわる木材を扱います。一方、銘木店は建前《たてまえ》がされた後の内部化粧材を扱います。たとえば床の間の風格のある床柱などは銘木です。床の間だけではなく料理店のカウンターなどにも、銘木がよく使われています。

銘木が初めて使われたのは、遠く室町時代にまでさかのぼると言われています。このころすでに、書院造り、数寄屋造りには「床の間」が取り入れられて、銘木が使われていました。

日本の家屋は、昔はどの家も木で作られていました。明治時代の半ば以降には、一般の住宅で銘木が使われるようになりました。最初は裕福な家に限られていたでしょう。しかし、自分の家の中に床の間を作れなくても、お祝いごとのときやお客さんをもてなすときがあります。庶民が料亭や旅館や小料理屋などに出かける機会は、時代とともに少しずつ増えていきました。そうしたときに、床の間などに銘木が使われているのを見て、すてきだなと思う人が増えてきました。日本人は木の美しさを尊《たっと》ぶ感覚を持っています。趣《おもむき》のある木が、部屋のなかにあると、部屋の雰囲気が変わります。ちょっと粋《いき》だなという感覚は、ゆとりと潤いの表現でもありました。庶民のすまいに銘木が少しずつ生かされていくのは当然のことでした。

雨露をしのぐだけの家から、少しずつ風格のある家にしていきたい。そのために床の間もしっかり作りたい。自分たちのすまいを一歩ずつ魅力的にしていこうという気運が高まるなかで、藤居銘木店も着実にお客さんを増やしていったのです。


さて銘木の仕事の手順について、ごく簡単にふれておきましょう。

まず銘木の名にふさわしい木を育てる人がいなければ、銘木業は成り立ちません。そして山から運ばれてきた木は、じっくりと時間をかけて乾燥されます。そして乾燥をさせたうえで、木取《きど》りという加工作業をおこないます。これはそれぞれの木が持っている個性を考慮に入れたうえで、大きな板になるように木挽《こび》きしていくことです。

銘木の木取りは店主自ら指示することが基本ですが、実際に木を挽《ひ》くことは当時は木挽《こび》き職人の仕事でした。木挽きは、一本の原木丸太から柱や天井板はもとより、長押《なげし》から鴨居《かもい》にいたるまで挽きだします。それぞれの木は少し曲がったりしていることが多いので、木挽きはそれを計算に入れたうえで作業していかなければなりません。

銘木の仕事は、乾燥と木挽きをおろそかにしては成り立ちません。しっかり乾燥していないと、木が反《そ》ってしまいます。木挽きがいい加減では、せっかくの銘木が台なしになってしまいます。いずれも絶対にいい加減にはできないわけです。


一九三三年、平一が中学校を卒業し、実家の仕事を手伝うようになった頃には、藤居銘木店には木挽きの職人が二人雇われていました。地下足袋《じかたび》姿の二人は力を合わせて、巨大なノコギリを使って大きな板を木挽きしていました。押したり引いたり、必死に力を合わせる力仕事です。木挽きした板の厚さが一メートル近くになるまでには何時間もかかりました。しばらく作業しているとノコギリは切れなくなるので、何度も目立《めた》てをする必要がありました。

今と違って、仕事をゆったりとできる時代でした。平一の父・完一は寛容なので、朝のひとき、木挽き職人たちが将棋に夢中になっているのも大目に見ていたそうです。一勝負がついてから、職人たちは仕事を始めました。ただ仕事を始めると、とても熱心に働きました。

藤居銘木店には木挽き以外にもベテランの職人がいました。

たとえば木の表面を磨き上げていくことも大事な仕事です。床柱《とこばしら》にする北山杉の皮をむく仕事は、河原の砂を使って磨くのでした。長年担当してきたベテランが、砂を使って磨きあげていくと、みごとなつやが出てきます。同時に手もつるつるになってしまいました。

このように銘木が仕上げられていく過程には、何人もの職人の努力が必要だったのです。そこはかとなくただよう木の香りのなかで、一人ひとりが自分の持ち分の仕事に熱心に励みました。

平一が中学校を卒業した時点で、藤居銘木店は老舗《しにせ》の銘木店として繁盛していました。この時代に、建てられた家のほとんどが床の間を備えるようになっていたからです。

弟の康郎（右）はバスケット、平一は水泳の選手として明治神宮競技大会に出場した

平一は銘木店の仕事を手伝うなかで、祖父の代から受け継がれてきた家業について、木材を糧《かて》に商いをすることの意味について少しずつ考えるよ

うになりました。銘木をまたいだりしたら罰が当たる、木を敬わなければこの仕事はやっていけないということを、父からも最初に徹底的に教えこまれました。また、一本の銘木が信じられないぐらい高い価値を持つことがあると教えられました。

平一は家業を手伝いながら、道場に通って柔道に打ちこみました。水泳の練習も休むことはありませんでした。その結果、平泳ぎの選手として、一九三七（昭和一二）年の明治神宮競技大会に出場するという栄誉を勝ち得ました。目の前の本川で、平一は毎日必死に練習に励みました。父の完一がストップウオッチでタイムを計測する役でした。明治神宮競技大会では、全国の強豪の前で完敗しましたが、全力をつくした平一は晴れ晴れとした気持ちでした。平一にとっては充実した日々が続いていました。

第二章　日本の勝利を固く信じて

お国のために死ぬことを夢見て

藤居平一が銘木店の仕事と水泳の練習に打ちこむ日々はいつまでも続きませんでした。一九三八（昭和一三）年に、戦地へ行くことになったからです。

この時代、昭和の戦前・戦中期までの男性は、二〇歳になったら必ず徴兵検査を受けました。身体に障害がなく、重病を持っていない者は、徴兵検査に合格することになります。その結果、将来戦場へ行く可能性が強まります。

平一は強靱な身体と抜きん出た体力を持っていますから、徴兵検査の結果はもちろん甲種合《こうしゅ》格でした。いずれ戦地に行くのは時間の問題だったのです。

平一はこの時代の若者として、お国のために命をささげるのが当然だと思って育ちました。今の日本では、若者が国のために戦争で死ぬということは考えにくいことです。しかし、当時は兵隊さんになってお国のために、天皇陛下のために、戦争で命を捨てることこそ立派な生き方だと、若者は幼いときから教え込まれていました。

平一の母校である広島高等師範学校附属中学は、自由な校風でした。名画を見ることを教師たちが薦めました。ひたすら戦争を賛美する教育や、軍隊式のスパルタ教育をおこなわなかったので、他の中学とはかなり違っていました。しかし、それでも多くの生徒たちが軍人をめざして軍の学校に進学していったのです。時代がいかに戦争と密接につながっていたかを物語っています。

すでに一九三一年の満州事変の開始から、日本は中国大陸への侵出を本格化していました。戦地へ行くことを出征《しゅっせい》するといいますが、出征する若者たちを人びとは日の丸の小旗を振って送り出しました。全国の町や村で同じ光景がくり広げられました。

広島は戦争と深い縁で結ばれた都市でした。一八八八（明治二一）年には広島に第五師団が設置されました。日清戦争のときには広島に大本営《だいほんえい》が置かれたことも知られています。市の南部にある宇品《うじな》の港から日清戦争のときにも日露戦争のときにも、大量の物資が戦場へと送られ、広島は戦争によって栄えていたのです。そして多くの兵士たちが出征していったのもこの宇品の港からで、宇品は戦地への出発点でした。

広島は当時も中国地方の中心都市でした。文化・教育の中心を担っている学都であり、軍事

平一は陸軍航空部隊の一員として満州へ。父（右端）や伯父らの慰問を受ける

的な中心都市である軍都《ぐんと》でした。市内の練兵《れんぺい》場《じょう》には多くの兵士たちがいて、訓練をしていました。陸軍病院、陸軍幼年学校など数多くの軍隊の施設が市内にあって軍隊の仕事にかかわっている人の数は実に多かったのです。

広島市の隣にある呉《くれ》は、海軍発祥の地の一つでした。江田島《えたじま》には海軍兵学校がありました。広島県にも戦争と深いかかわりを持つ場所が実に多くあったのです。

さて平一の軍隊生活が始まることになりました。一九三八年六月一九日に家族や親戚、地域の人たちが日の丸の小旗を振って、平一の出征を見送りました。中学時代の恩師である曽田梅太郎先生もかけつけてくれました。

陸軍の平壌《へいじょう》飛行第六連隊に平一は入隊しまし

た。陸軍航空部隊の一員として、ソ連も警戒しながら、満州（現在の中国東北部）の広い国境地帯を防衛するのが任務です。並はずれた体力と運動神経を持ち、軍人としての適性に恵まれた平一です。軍隊は上官の命令に服従することが義務づけられ、私的制裁としての暴力は当たり前の場所ですが、平一はその厳しさに負けず力を発揮します。平一は幹部候補生の試験を受け、航空兵として中尉にまで昇進しました。試験のためには、消灯後もトイレの灯《あかり》をたよりに必死に勉強したそうです。一九四一年には満州国の新京《しんきょう》（現在の長春）にある航空通信第一連隊に転じています。この当時同じ広島県出身の軍人として、平一と出会っている栗原育朗《くりはらいくろう》の話では、平一は見るからに優秀な軍人でした。ただ、一方ではお酒が好きで陽気な若者でもあったといいます。

平一の日常は、連日敵と向かい合って戦闘をおこなうわけではありませんでした。軍隊では戦場の背後に膨大な補給部隊が必要です。また平一の所属した航空通信第一連隊のように敵との戦闘がない部隊もありました。しかし、それらも戦争のためには欠かせない部隊でした。平一は一九四三年初めには満期除隊ということで復員してきました。五年近くは広島を離れていたことになります。その期間に日本の戦争は、局面を変えつつありました。

一九三七年七月の盧溝橋事件《ろこうきょうじけん》で中国に対する日本の戦争は本格化しました。それは広島においても一目瞭然でした。中国大陸へと出征する陸軍の部隊は、宇品港から次々に輸送船に乗りこみ、それを見送るために子どもたちや市民がかり出されました。

一方では、戦死した兵士の遺骨も広島に続々と帰ってきて、戦没者を慰霊《いれい》する行事がおこなわれました。戦地で負傷した兵士たちも宇品に帰り、陸軍病院などに収容されていきました。他方では、中国の各都市を日本軍が占領すると市民が参加して祝賀行事がおこなわれました。

戦争は人びとの生活に浸透していきました。広島においても、人びとは戦争という日常に次第に慣らされていったのです。この時代も、日常生活はささやかな喜びと悲しみとともにありました。広島市内では大正時代の初め頃から市電が走り、多くの商店街ができて栄えていました。昭和の初めには市内初めての百貨店・福屋が開店していました。また市内の何カ所にも映画館やカフェーや劇場があり、戦争中にもそれらを楽しみに人びとが多く集まってきました。

戦争の時代には、さまざまな自由が制限されていたことも確かです。一九三九年からは米の配給が開始されて自由に売買することが禁じられ、食料品や主な生活物資も配給制になりました。戦争のあり方について疑問を口にする自由はまったくありませんでした。若い男女がデートをする自由もありませんでした。しかし他方では、それ以前の生活とさして変わらない日常の生活も続いていたのです。

さて満期除隊となって故郷に戻ってきた平一を家族は喜んで迎えました。お国のためにしっかり務めを果たしたうえで無事に帰ってきたので、満期除隊は名誉なことだったのです。とりわけ父・完一にとっては大きな歓《よろこ》びでした。その祝宴のようすを弟の晃《あきら》は記憶しています。軍人として経験を積んできた兄の平一は堂々とした物腰でした。祝宴が進んでいくにしたがって、平一は父と何かについて議論をしていました。平一はまったく譲りません。軍隊生活によって、平一はさらに貫禄がついたようでした。

完一は、父の代から受け継いだ銘木店を、やがては長男の平一、次男の康郎《やすろう》に受けついでもらおうと考えていました。しかし故郷に戻ってきた平一は、今度は東京の大学で勉強したいという希望を語りはじめるのでした。完一はそれを認めることにしました。いずれは家業を継いでもらう前に、平一が大学で勉強しておくのも良いことだと思ったのです。

父の完一も自分の趣味の世界を持っていました。乗馬です。それもきわめて本格的な趣味でした。長男の平一は水泳で、次男の康郎はバスケットボールで、明治神宮競技大会に出場したのに対して、父・完一は馬術の名人として明治神宮競技大会に出場したのでした。毎日のように西練兵場の馬場に通っては練習に打ちこんでいました。

また完一は広い交友関係を持っている人でした。業界のつきあいもあり、好きなお酒を外で飲む機会もよくありました。そのかたわら、完一は町内会や消防団の仕事に精出していました。おだやかな人格者であり、事業も順調でした。地域の人びとは街の顔役として町内会長の完一を慕っていました。戦時中には隣組《となりぐみ》がつくられましたが、ここでも完一が中心でした。この隣組の常会《じょうかい》を通じて、戦争を遂行するために銃後《じゅうご》で無条件に従うべき事項がすべて地域に伝えられていくのでした。

早稲田大学に進学する

一九四三年四月、平一は早稲田大学専門部に入学しました。軍隊生活を経てからの大学入学でした。将来は銘木店の仕事を継ぐにしても、たった一度の人生です。大学という場でぜひ真剣に勉強してみたいと思ったのでした。平一が入学したのは、将来の仕事にも役立つと思われる商科でした。

早稲田大学は私立大学の雄《ゆう》であり、創立者大隈重信《おおくましげのぶ》の建学の精神を受けて、「進取の精神、学の独立」（校歌「都の西北」）の校風で知られていました。官学とは異質の在野精神を尊重する学舎《まなびや》として、存在感のある大学でした。野球の「早慶戦」は当時、プロ野球を上まわるほどの人気がありました。

平一が入学した専門部・商科には、社会人生活を経験してきた学生がいましたが、そのなかでも平一はとびぬけて年長でした。大学一年生といっても平一は二八歳になる年でした。なにせ若い同級生より一〇歳も年上だったのです。軍隊生活を経験している平一は、きわめて大人びた印象を周囲に与えました。この時代にこの年齢は立派な大人だったのです。

大学生活では、自分にとって学問とは何かという問いを持たざるをえません。これまでの軍隊生活で上官の命令で行動していたのとは、大きく様変わりした生活でした。

図書館に行けば、おびただしい書物に出会えました。『歎異抄《たんにしょう》』（唯円《ゆいえん》作）は平一が何度となく手にした本です。「善人なおもて往生《おうじょう》せんとす。いはんや悪人をや」という一節が有名ですが、浄土真宗《じょうどしんしゅう》の開祖・親鸞《しんらん》の教えを記したというこの書物は、その後も平一が自らを省みるうえでかけがえのない本となります。

そして平一の大学生活は一人の師との出会いで大きく変わりました。中島正信《なかしましょうしん》教授がその恩師です。早稲田大学の名物教授として戦後も知られた中島教授は、限られた人生において学生は学び、真摯《しんし》に生きなければならないことを熱く語り続けました。その話が、平一の学びたいという意欲をさらにかきたてたことでしょう。

国際経済の専門家である中島教授は、平一がリーダーシップを持った学生であることに気がつきました。中島教授は、平一に政治家になるように勧めたといいます。戦争のただ中にある祖国日本の進路を考えるときに、中島教授は平一のような学生に希望を託したのかもしれません。

花婿は大学一年生

一九四三年の秋、大学一年生の花婿として平一は緊張して記念写真をとるカメラの前に立っていました。隣は生涯の伴侶《はんりょ》となる篠崎美枝子です。お見合いで二人は出会い、結婚はすぐに決まりました。結婚式を迎えるまで二人が出会ったのはわずか一回でした。

美枝子の実家は広島県内の向原《むかいはら》（現、安芸高田市）にある篠崎病院でした。長崎医専を卒業して医師になった美枝子の父は、地域で厚い信頼を集めていました。美枝子は平一の実家の銘木店について何の知識もありません。そして新郎は大学生でしたが、それほど不安はなかったといいます。いや不安があっても、がんばらなければいけないと思っていました。

結婚式当日の平一と美枝子

父親が医師だったので、美枝子は自宅に人が訪ねてくることには慣れていました。ただ、美枝子の実家には大酒のみは一人もいません。したがって藤居銘木店に酒樽がかつぎこまれて、大きな宴会がしばしば開かれるのが美枝子にとっては驚きでした。平一も、平一の父である完一も親戚の人たちもお酒が好きで、宴会はいつも盛り上がりました。平一が誰かと激論を始めることもありました。平一はおだやかな性格かと思っていたら、自分の意見をすぐには曲げたりしません。美枝子は結婚してからはじめて夫の性格を知ったのでした。

平一が早稲田大学に入った一九四三年に、東京市と東京府が合併して現在の東京都が誕生しました。人口約七五八万人、この大都会で大学一年生の新郎と新妻《にいづま》の生活が始まりました。

新居は、平一が下宿生活を始めていた本郷の有名な下宿「本郷館」です。この下宿には食事付きの部屋もありましたが、二人は自炊でした。それゆえ食糧難のなかで苦労する日々が続きます。

戦争が激しくなっていました。政府は、すべての物資を軍需品に置き換えることを求めていました。生活にとって不可欠な物資は決定的に不足していたのです。

すでに、太平洋戦争開始前の一九四〇年から「ぜいたくは敵だ」という標語が広められていました。一九四二年一一月には、「大東亜戦争一周年」に向けての国民の決意を示す標語として「欲しがりません勝つまでは」が選ばれ、日本中に広められていきました。

学生服を着て、早稲田大学に通う平一は肌着にも不自由する日々でした。実家の病院からガーゼを送ってもらい、美枝子がつぎはぎだらけのシャツをつくっても、手作りのシャツはよく破れました。この一九四三年頃から、東京での食糧危機はかなり深刻でした。何一つ自由には買えない時代です。配給の行列にならんでも、カレイの干物を手に入れるのがやっとのこと。そのような日々に美枝子の実家からしばしば野菜や米が届くのが大だすかりでした。ご相伴《しょうばん》しようと平一の弟の康郎も顔を出すようになりました。

この時期、戦争をめぐる状況は急展開をとげます。一九四一年一二月の真珠湾攻撃で、アメリカ合衆国との戦争を開始した日本は、当初はアジア太平洋の各地域で勝利を収めました。しかし、一九四二年以降になると戦局は日本の劣勢がしだいに明らかになっていきます。ミッドウェー海戦での敗退が一つの転機でした。四三年に入るとガダルカナル島から撤退し、連合艦隊司令長官の山本五十六《やまもといそろく》が戦死し、アッツ島の日本守備隊も玉砕《ぎょくさい》しました。

このような時代には、早稲田大学と慶應義塾大学との間で長年おこなわれてきた野球の早慶戦も続けていけなくなりました。一九四三年一〇月一六日「出陣学徒壮行早慶戦」として戸塚《とつか》球場でおこなわれたのが、戦争中の最後の早慶戦になりました。試合終了後、両校の応援歌に引き続いて、軍歌「海行かば」が合唱されました。

日本鋼管での勤労動員の先頭に立つ

大学でも戦争への協力がさらに求められていきます。最後の早慶戦から五日後の一九四三年一〇月二一日には神宮外苑《じんぐうがいえん》競技場で出陣学徒壮行大会が開かれました。これ以後、学業を半ばにして戦争へとかり出される学生の数が一段と増えていきます。

当時、すべての大学生を戦争に協力させることが国の目標でした。現在のように五割の若者が大学に進学する時代とは違って、大学に進学できる若者はきわめて少数の時代でした。しかし、その若者をも戦争のためにとことん動員しようという動きが強まっていくのです。

一九四二年一月から、学徒勤労動員が開始されていました。一九四四年八月には、学徒勤労令が公布され、大学生は工場などの仕事に動員されることになりました。こうして、大学のキャンパスからは学生の数がさらに減っていくのです。

早稲田大学からも多くの工場に学生が動員されることになりました。もっとも多くの早稲田の学生が勤労動員されたのは、当時の巨大な軍需工場である日本鋼管でした。一九四四年後半には、専門部の学生全員が日本鋼管で仕事をしています。その他の学部からも、女子学生も含めて日本鋼管に動員されたので、日本鋼管造船所には実に多くの早稲田大学の学生が通っていました。その一方、日本鋼管に務めていた多くのベテラン工員は出征して戦地にいました。

たくさんの学生を動員している以上、早稲田大学の教授たちも日本鋼管にやってくることになりました。本部長を務めたのは中島正信教授です。そして、軍隊生活を経験したその指導力を見こまれて、平一が中島教授の下で二年生全体の指導役を務めたのです。平一は連日、早朝から動員された学生たちの先頭に立って奮闘しました。

動員されてきた学生は、室内で事務作業に携わる者もいましたが、多くは鉄板に穴をあける、リベット（鋲《びょう》）を打ち続けるなどの作業をおこないました。平一は現場をかけまわり、何か困っていることはないか、順調に作業が進んでいるかどうか、学生たちを励ましながら点検して回りました。広島弁まるだしの平一の激励を受けて、本職顔負けの仕事をする学生もいました。

平一は祖国日本の勝利を願って毎日が必死の思いでした。軍隊から復員してきた平一は、戦地で同世代の兵士たちが決死の覚悟で戦い続けていることを十分にわかっていたからです。

一九四五年三月五日、平一は朝日新聞の紙上で勤労動員の実情について報告しています。ここでは、人員が不足し、物資の欠乏も深刻化してきたなかで、「現在のぎりぎり一杯の増産現場」はかけ声だけでは動かないこと、「意志の疎通、温かい理解」が増産への唯一の道であるという平一の考えが表明されています。

勤労動員はたしかにたいへんな仕事でした。しかしこの当時、広大な中国大陸や太平洋地域で、おびただしい数の日本の若者たちが戦死していきました。銃弾を受けて死亡する者よりも、餓死《がし》や病死した若者が圧倒的多数でした。

この時代に、政府は国民全員が戦争勝利のために火の玉のように燃え上がることを求めました。大多数の国民がどうしても戦争に勝たねばならないと思わされ、自らも積極的にそう思ってきたのです。それに対して、戦争が間違っていると考えたのは、本当にごくわずかな人だったのです。

日本鋼管に動員された早稲田大学の学生には、勤労動員に行くよりも大学で勉強したいと思う学生がいました。平一のように心から戦争勝利のために全力をつくそうという者だけではなく、しかたなく勤労動員に行った学生もいました。しかし、いざ勤労動員が始まると、それに反対することなどできませんでした。

日本鋼管にも、さまざまな人がいました。動員されてきた学生をひたすら働かせようという人がいました。他方では、学生の前で「日本とアメリカでは、造船の生産力は大違いです」と本音をもらしてしまう人もいました。もし、こんな発言が工場の外でなされたら、日本の勝利に疑問を投げかける「非国民」としてたいへんな眼にあう時代だったのですが。

日本鋼管では、外国人の捕虜も働かされていました。ある学生が、英語で話しかけると、「日本が戦争に負けることは確実だよ」という答えが返ってきました。このことも学生の間で話題になったようです。

指導者である中島正信教授は「右手にハンマーを、左手に学問を！」と常に訴えていました。この言葉に導かれて、平一たちは昼休みの一時間も弁当を食べつつ勉強にはげむのでした。

中島教授は、若き日にアメリカに留学していました。日本の戦争の相手国であるアメリカが、どれほどまでに豊かな生産力を持っていたかを、十分に知っていたと思われます。そして戦争の行く末がどうなろうとも、戦後の日本を担う若者たちに少しでも学び続けてほしいと考えたのでしょう。中島教授は学生の待遇を改善するために、何度か日本鋼管に申し入れをしており、平一も学生代表として同席していたようです。


さてこのような日々に、うれしいニュースが美枝子から知らされました。美枝子が待望の第《だい》一子《いっし》をさずかったのです。平一と美枝子の二人にとってはこのうえなくうれしいことでした。ただ出産するには、広島の方が何かと便利です。美枝子は東京を離れることになりました。平一はまだ勤労動員で大忙しでしたが、東京駅まで見送りに行きました。そのときの名残惜《なごりお》しそうな表情を美枝子は記憶しています。

それから戦争が終わるまでに二人が会えたのはたった一度。一九四四年一二月に誕生した長女に会いたくて数日間、平一が広島に帰省したときだけでした。二人がともに暮らせるようになったのは、一九四五（昭和二〇）年八月に日本が戦争に負けた後だったのです。

当時は、携帯電話はありません。まだ家庭の電話もさほど普及していませんでしたが、美枝子の実家と病院には電話がありました。とはいえ、平一は連絡してきませんでした。この一九四五年という時期は、夫が戦地にいる家庭では、夫婦といえども、長期間離ればなれになっていました。それが当たり前の時代でした。

美枝子は平一の運の強さを信じていました。この年の三月一〇日、東京大空襲で一〇万人が殺されました。その後も東京への大空襲は続けられ、五月二九日には横浜大空襲で一万人近くの人が亡くなりました。全国の主要都市への激しい空襲が続いていたのです。これらの大空襲のことも広島に伝わってきましたが、美枝子は夫の無事を疑いませんでした。そして平一・美枝子の二人とも祖国日本の勝利を信じてやみませんでした。

第三章　原爆で死んだ父と妹

八月六日に起きたこと

八月六日の午前八時一五分、アメリカの原爆搭載機《とうさいき》B29エノラ・ゲイ号は広島市上空高度九六〇〇メートルで原子爆弾を投下しました。このウラン型原子爆弾リトルボーイは、島病院上空の約六〇〇メートルの地点で炸裂《さくれつ》し、爆発点は数百万度という信じがたい温度に達し、一瞬の閃光《せんこう》が全市をおおいつくしました。

広島の街は、八時一五分にはすでに動き出していました。出勤して仕事を始めていた人たち、通勤の途上にあった人たち。空襲に備えて市中心部の建物を撤去する建物疎開のために動員されていたのは中学校、女学校の一、二年生と義勇隊の人たちでした。その四四分前に警戒警報が解除になったばかりで、安心して防空壕から出てきていた市民も少なくありません。人びとはまったく無防備でした。

被爆後の広島市

　爆心地からほど近い距離では一瞬にして街は壊滅しました。現在、平和記念公園になっている場所には中島本町《なかじまほんまち》もあり、明治時代から市内有数の繁華街でした。料亭や各種商店が軒《のき》を連ねてにぎわっていました。しかし、一瞬にしてその盛り場は跡形もなく消えてしまったのです。この地域で生き残った人はほとんどいません。
　広島の市街地も、建物がほとんど原形をとどめずに消失しました。街全体が消されてしまったかのようでした。爆心地から九〇〇メートルの地点で見つかった一升びんは、溶けてすっかり小さくなっていました。爆心地から六〇〇メートルの場所で見つかった弁当箱の中身は、真っ黒な炭状《すみじょう》になっていました。これだけのエネルギーを持つ原爆が、生身の人間をいかに傷つけたでしょうか。それは想像をはるかに超えるものでした。

爆心地の近くでは多くの人たちが一瞬にして変わり果てた黒こげの死体となってしまいました。少し遠くでは赤く焼けただれた死体は、おびただしい数に上りました。爆心地から二キロ、三キロと離れていても、閃光《せんこう》とともに意識を失い、家屋の下敷きになってしまった人たちが多数に上りました。

人びとは熱線と爆風で原形をとどめない街を逃げまどいましたが、燃えさかる火災のなかで逃げ場を見つけることはできません。出会う人、出会う人が服は焼けこげて、裸同然の格好をしていました。ぼろ布のように皮膚がたれ下がった人が数多くいました。道ばたに倒れた人たちは「水をください」と言って、息絶えていきました。倒れた家の下敷きになって圧死した人、圧死しなくても燃え広がる火の海で生きたまま焼かれていった人びとは数えきれません。

市内の七つの川は死者たちで埋めつくされました。原爆投下からさほど時間がたたない時点で、広範囲に黒い雨が降りました。放射性物質を大量に含んだこの雨も、多くの人たちの身体を痛めつけていきました。

市内の病院や小学校におかれた臨時救護所には、多くの人たちが息も絶え絶えになってかつぎこまれました。身体が焼けただれているだけではありません。人びとは放射線に侵されて吐き気やだるさにおそわれ、嘔吐《おうと》や下痢をくりかえす人が多くいました。発熱し、髪が抜け、血を吐きながら倒れていく人もいました。薬もなく、治療が困難ななかで、次々に人びとは亡くなっていったのです。家族の安否《あんぴ》を確認するために、多くの市民が救護所にかけつけましたが、行方をつかめる人はごくわずかでした。

八月六日を生きのびた人たちは、なぜ自分たちがこのような目にあわなければいけないのかを考える余裕はありませんでした。

そして広島で原爆の被害を受けたのは、日本人だけではなく、一〇を超える国の人がいました。日本の植民地支配の結果、日本への移住をよぎなくされた朝鮮人（その当時は日本人になることを強いられていました）がとりわけその多数を占めていました。

翌日、トルーマン米国大統領は「米国航空機一機が日本陸軍の最重要基地である広島に爆弾一発を投下した。（略）日本はパール・ハーバーにおいて空から戦争を開始したが、彼らは何倍もの報復をこうむった（略）」という声明をラジオで世界中に発表しました。それに対して、日本では大本営が「新型爆弾」により（広島では）「相当の被害を生じたり」と発表するにとどまっていました。

広島の人びとは、一九四五年八月六日にこのような運命が待ち受けていることは、予想すらできませんでした。広島市内は戦争末期までは大規模な空襲を受けなかったのです。それは原子爆弾を広島にいずれ投下するためでしたが、広島の人びとはなぜ市内の空襲が少ないかを理解できずにいました。

この年の四月には、広島に第二総軍司令部が設置され、本土決戦の中軸基地としての役割を持たされました。ただ軍都である広島に住んでいても、日本の戦争がいかに推移しているかのすべてを知ることはできません。餓えや病気で死んでいく日本軍兵士について、広島の市民にはごく限られたことしか伝えられていませんでした。日本の侵略で家族が殺され、村を焼き払われた中国やアジアの民衆の苦しみについても、広島の人びとは知ることができませんでした。

八月三日から四日にかけて、米軍機が上空から多くのビラをまくのを目撃した人がいました。川幅が一〇〇メートルあった京橋川がビラで真っ白になったといいます。とてつもなくひどい爆撃をするから、急いで避難するようにという内容がビラには書かれていました。

しかし、それを本気にする人はいませんでした。鬼畜米英《きちくべいえい》という言葉が大手を振って歩いていた時代です。敵国アメリカの言うことが正しいとは誰も信じていません。

そして八月六日、広島は原子爆弾の投下を受けたのです。

藤居家にとっての八月六日

藤居平一の妻・美枝子は広島から列車で一時間ほどの実家に疎開していました。八月六日の朝、とてつもない音がしたので美枝子が外へ出てみると、巨大なキノコ雲が目に入ってきました。広島で何かが起きたことは確実で、美枝子の不安は高まりました。

そして全身にやけどを負った人たちが、広島市内から父の病院に運ばれてくるのに、さして時間はかかりませんでした。美枝子の父はやけど用の薬で治療を試みました。しかし、人びとの症状はやけどだけではありません。激しい嘔吐、発熱、脱毛、下痢、だるさ……。それは美枝子の父・篠崎医師がまったく出会ったことのない症状の患者たちばかりです。

美枝子は、平一の帰りを待ち遠しく思いました。

八月六日、学童疎開していた弟の晃もきのこ雲を目撃しました。たいへんなことが起きたのではないかと子ども心に思いました。しかし、お父さんは家の前を流れる本川に飛びこんで無事だったらしいよという話が後に人づてに伝えられました。なぜ、そんな情報が伝えられたのかはわかりません。晃はそれがまったくでたらめであったことを、二週間後に家にたどりついて自ら確認することになります。


平一の実家は本川の住吉橋《すみよしばし》の近くです。爆心地から一・三九キロ離れた住吉橋で、原爆が投下された八月六日に何が起きたかを再現できるでしょうか。

この本を執筆するにあたって、住吉橋の付近で被爆した人の証言や絵が残されていないか調べてみましたが、意外に少ないことがわかりました。ただ次のような証言も残されています。

爆心から一・二キロの河原町で被爆し、北から南へと避難していたKさんは、住吉橋のたもとで小さな伝馬船《てんません》に火がついて、幼い子が泣き叫んでいたことを記憶しています。Kさんは、家々がつぶされ、屋根ばかりになってしまった街を、一生懸命に避難しようとしていたのでした。その身体には多くのガラス片が突き刺さっていました。

逃げまどう人びとは、原爆が発した熱線で体中をやけどしたので、顔や腕の皮膚がたれさがっていました。とても人間の姿とは思えないほどだったそうです。そしてKさんは住吉橋の両端、東と西の道筋の両方で、すさまじい勢いで火が燃え広がっていたことも述べています。

もう一人紹介しておきましょう。茂木貞夫《もぎさだお》さんは、中島国民学校（現在の小学校にあたる）の六年生でした。住吉橋よりも下流にある吉島《よしじま》から学校に向かって、朝鮮人の少年と一緒に歩いていました。八時一五分にはちょうど住吉橋のすぐ手前まで来ていました。爆発の瞬間、意識を失った茂木さんが意識をとりもどすと、民家の生け垣の前で倒れていました。一緒にいた少年の姿はどこにも見あたりません。茂木さんの目に入ったのは、朝鮮の民族衣装であるチョゴリを着た老婆が頭から鮮血をほとばしらせて、悲鳴を上げている姿でした。思わず茂木さんは後ずさりしました。水道管から水が高く吹き出し、続々と人びとが逃げ出しています。「川へ逃げろ」という声がして、茂木さんは本川に飛び込みました。そして川の流れとともに、二〇〇メートル以上も下ったでしょうか。再び陸に上がった茂木さんはやっとの思いで、家にたどりつきました。帰宅した茂木さんは裸でした。髪の毛はなく、爆風と高熱でやけどもひどかったため、毎日出会っている官舎の門番は茂木さんをまったくの別人だと思ったといいます。

さて平一の父・藤居完一の最期《さいご》を証言できる人は残っていません。しかし、朝方の空襲警報(七時九分)で防空壕《ぼうくうごう》にかけこみ、その警戒警報が解除された(七時三一分)ので、また家に入った後で原爆が投下され(八時一五分)、圧死したのではないかと推測されます。座敷と思われる場所から骨が見つかっています。

また平一の五歳下の妹の絹子は、二人の子どもとともに嫁《とつ》ぎ先でなくなりました。細身で気だてのやさしい絹子を、平一はかわいがっていました。その最期も明らかになっていません。

あの日、被爆して即死した人たちの数を知ることは今もできないのです。いまだに多くの犠牲者の名前もわからなければ、遺骨を探すこともできません。

原爆はすさまじいエネルギーを放ちました。一瞬にして、市内の建物は崩れ去り、平一の父・藤居完一と妹の絹子のようにどんな最期をとげたかを確認できずに死んでいった人があまりにも多いのでした。そして仮に即死を免れても、生きのびられるかどうかは多くの偶然によって左右されていました。もちろん、爆心地からどれぐらい離れた場所で被爆したかが、重要なめやすでした。ただ、爆心地からの距離は同じでも、亡くなった人と生き残った人がいます。わずかな差で運命が分かれました。たとえば爆心地から遠くない場所で市電に乗っていた人の圧倒的多数が亡くなりました。しかし閉じられていた窓ガラスが幸いして、奇跡的に助かった人もごくわずかにいました。

平一の実家のすぐそばには、米屋を営む親戚の家がありました。その主人は屋外にいて、閃光を目撃した瞬間に記憶を失い、気がつくと防火水槽にたたきこまれていました。もちろんやけどは激しかったものの、命だけは助かりました。

火災で焼かれた市内の中心部では、何日間も火がくすぶり続けていました。あきらめることができずに、家族の行方を捜し続ける人が数多くいました。

そして原爆を受けながら、生き残ったなかには兵士もいました。今では忘れ去られていますが、原爆が投下された後でもなお敵国アメリカを殲滅《せんめつ》するのだと、闘志を燃え上がらせる兵士がいました。そして兵士以外にも、戦意を失なわない多くの人がいました。それは、神の国・日本の聖なる戦争のためにすべてを投げうとうと思いこんできた人びとの姿でした。

広島に原爆が投下された三日後の八月九日、アメリカ軍の原爆搭載機ボックス・カー号は午前一一時二分に長崎市に二発目の原爆を投下しました。当初の標的よりもそれた原爆（プルトニウム爆弾）は、松山町五番地の上空五〇〇メートルで炸裂しました。アメリカ軍が投下を予定していたのは福岡県小倉市でしたが、雲や煙で標的が目視《もくし》できずに長崎に変更しました。

長崎でも一瞬の閃光の後に、地獄がもたらされました。無数の人びとが焼けこげて死んでいきました。熱線と放射線と爆風と火災で、建造物は一瞬にして破壊され、街は燃えさかり、死の街となりました。生き残った人びとも身体に大きなやけどを受けた人も多く、急性放射線障害によって、死の淵《ふち》をさまよい歩かされる人も数多くいました。医薬品も欠乏していました。人びとは続々と死んでいき、年末までに約七万四〇〇〇人が亡くなったといわれています。

広島に帰ってわかったこと

広島では、八月六日の原爆投下で停電になり、市電や国鉄も不通になりました。しかし、これらは比較的短期間で復旧されました。

これに対して、あまりにも多くの死者にどう対応するかはとても困難なことでした。亡くなった人をいつまでも放置しておくわけにはいきません。死者を火葬することがどうしても必要でした。広島市内の各所で、そして広島から船ですぐに渡れる似島《にのしま》では、原爆投下の八月六日以降おびただしい遺体を焼く煙が来る日も来る日も上がり続けていました。似島には原爆で傷ついた人たちが一万人も続々と船で運ばれ、この島は火葬場としても使われていたのです。この島で荼毘《だび》にふされた人びとの名前の多くも明らかになっていません。

人びとの悲しみのなかで、そして街をおおいつくしている異様な臭いのなかで広島は八月一五日を迎えたのでした。

八月一五日、日本の戦争は終わりました。この日の天皇による「玉音放送《ぎょくおんほうそう》」で、日本が戦争に負けたことは誰の目にも明らかでした。決して冷静に受けとめられない知らせでした。

八月二三日、平一は原爆投下から一七日後にようやく広島にたどり着きました。新型爆弾で広島が壊滅したらしいことは東京でも耳にしていました。

平一は広島駅前の惨状を目にしました。異臭がただよっていることから原爆被害の大きさを実感したことでしょう。廃墟を歩き、爆心地から約一・三キロの河原町の家にたどりついたものの実家は跡形もなく、周囲もすべて焼けていました。平一は立ちつくすばかりでした。実家の跡には「父死す」という立て札が一つ立っていました。

被爆直後の広島の街は放射性物質に汚染されていました。そのなかを何時間も歩き続けた後に、平一はやがて妻の実家にたどり着きました。妻とは久方ぶりの再会でした。そこで父と妹の死をあらためて知らされました。

父と妹にもう会えないことは、大きな悲しみでした。二人の最期を看取《みと》ることもできなかったことは平一にとって痛恨の思いだったのです。そして父と妹のほかに、姪《めい》二人と藤居銘木店の従業員数人も亡くなっていました。

美枝子の実家である篠崎病院では多くの被害者たちが引き続き治療を受けていました。原爆症にくわしいという定評ができて被害者たちが続々と訪ねてきました。しかし、症状の重い人たちは、生き続けることができませんでした。平一は美枝子の父に、どうすれば原爆の被害者を治療できるのかとたずねています。美枝子の父は、「医師の自分にも確かなことはわからない。それはこの爆弾をつくった国の者でないとわからない」と答えました。

広島の惨状は想像を絶するものでした。標高約七〇メートルの比治山《ひじやま》は、広島の市街地を見下ろす展望台のような場所ですが、ここから見ても街の建物があらかた消えていました。鉄筋コンクリートの建物さえ、大破して原形をとどめていません。

原爆は、七つの川を持つ広島の地形を変えることはできませんでした。しかし想像を絶するエネルギーで街は破壊され、火災は街を焼き尽くしてしまいました。

平一の苦しみとは何だったか

戦争に負けたことは、多くの人びとに虚脱感をもたらしました。平一も大きな衝撃を受けた一人です。平一は父と妹を助けることができなかったのです。自らが育った広島の街は焼きつくされ、もとの形をとどめていません。それはあまりにも大きな悲しみでした。

しかし、それは平一だけの悲しみではありません。原爆で家族を亡くした広島の市民はあまりにも多かったのです。

平一の苦しみは、愛する父と妹を原爆で奪われたことだけでしょうか。誰よりも負けん気で熱血漢であった平一は、戦争の時代に育った青年として、日本の勝利のために死力をつくすことを疑いませんでした。軍隊生活でも、早稲田大学でも平一は全力を出しました。

でも、その結末が何をもたらしたかは、はっきりしていました。広島と長崎への原爆投下、全国主要都市への空襲は直接戦争に参加していない数えきれない一般市民の命を奪いました。最大の地上戦がおこなわれた沖縄では住民の四人に一人が亡くなりました。

日本が中国に対して始めた戦争は、後に日本がアメリカを奇襲した真珠湾攻撃によってアメリカなど連合国全体をも敵に回す戦争になりました。その結果として、日本の庶民が筆舌に尽くしがたい苦しみを受けたのです。何よりも広島の現実にひきつけて、このことを平一も考えざるをえませんでした。

日本の戦争を支えてきた一人として、平一は敗戦をどう受けとめたのでしょうか。

「宮城《きゅうじょう》（皇居）前で切腹しなければならない」と語っていた兄平一の姿を弟の晃は記憶しています。そしてアメリカの飛行機が我がもの顔に広島の上空を飛行しているのを見て、平一が怒りの拳《こぶし》を振り上げたというエピソードも残されています。

自らが正しいと信じる戦争のために精一杯努力したが、愛する父と妹を助けることはできず、故郷は廃墟と化してしまった。それが戦争の結末でした。愛する肉親への思いとともに、戦争に敗れたことにも身が引きちぎられるような苦しみを感じて、平一の戦後は始まりました。

平一はアメリカに対する憎しみを恩師の中島教授にも伝えています。そして中島教授からは、アメリカを憎むだけでは問題の解決にならないと助言を受けています。

その助言をすぐに受け入れるのはなかなか困難でした。平一の心中で、アメリカへの憎しみを抑えて、原爆を三度《みたび》繰り返してはならないという思いのみが強まっていくまでには、まだしばらくの時間が必要でした。

第四章　銘木店三代目の社長として

家業を継がなければならない

早稲田大学の中島正信教授は、藤居平一に政治家になることを勧めていました。しかし、原爆によって平一の進路は決定づけられました。父と妹を失った平一は、妻と娘たち、そして弟と妹を養っていくために、家業を継ぐことを心に決めたのです。亡き父の苦労を思えば、家業を絶えさせたくありません。こうして平一は、藤居銘木店の三代目社長になることにしました。

とはいえ、広島市内でただちに仕事を始めるのは、とても困難に思えました。平一は広島市から少し離れた場所にあったグライダー工場の跡地を買いとり転居しました。特産の檜《ひのき》を使って建具《たてぐ》を作り、販売しながら事業を再開することにしました。

当時、広島では「七五年間は草も木も生えない」という説がとなえられ、人びとの間でもよく話題となりました。廃墟と化した街の傷跡はあまりにも深く、広島市の外に転居して生活を始めた人は少なくありません。

しかし広島市内では、信じられないほどのたくましさで、人びとは起ち上がっていきます。早くも八月中には、駅前広場に闇市《やみいち》が登場し、市内の何カ所にも広がりました。連日、市場は大にぎわいでした。食糧を確保することが人びとにとってもっとも優先すべきことでした。ただ、深刻な食糧難は翌一九四六年にもっとも深刻になります。雑草までも食用にして、何とか飢えをしのいでいく人びとが数多くいたのです。

鉄筋の建物が大きく損壊したほどですから、市の中心部は廃墟になっていました。しかし、まずは市の周辺部からバラック建設の槌音《つちおと》がひびきはじめました。人びとは壊れた家の一部を使って、まずは雨露をしのぐためのすまい作りに乗り出したのです。材料も限られているなかで、とりあえずは粗末な小屋を造るのがやっとでした。しかし、家族が一つ屋根の下に暮らせるのは、何ものにも代えがたいことでした。

ようやく復興が始まろうという一九四五年九月一七日には、枕崎《まくらざき》台風が広島を襲って市内全域は水浸しになり、県内で死者一二二九人、行方不明者七八三人という被害がありました。原爆による犠牲とは比較になりませんが、広島は大打撃を受け、戦後の歩みを始めたのでした。

もちろん平一は、広島市内の動きを知っていました。平一の家でも家族が多くて生活は楽ではありませんでした。広島市内から三〇キロ以上も離れた坪野の親戚の家まで、平一が自転車を走らせて米を分けてもらおうと試みたこともありました。戦争直後の食糧不足は実に深刻で、平一の家でも食糧の確保には必死でした。ただ、妻の実家からの支えによって助かったことも事実です。

広島市内の復興のようすを耳にしながら、遠からず広島市内に戻って仕事を始めようと平一は決心を固めました。

死の恐怖に向きあいながら

さて八月六日から、一カ月、二カ月と経過するなかで、広島の原爆被害者はどのように日々を過ごしていたでしょうか。原爆が投下された直後には臨時救護所の数は、市内で五三カ所もあったのが、一〇月五日には一一カ所に減りました。しかし、それは原爆で傷つけられた人たちの苦しみが軽くなったことを意味しません。

原爆被害者といっても、健康状態は一人ひとり異なります。八月六日に市内のどこにいたかともかかわって、健康がどの程度損なわれたかは人によって大違いでした。したがって被爆しても比較的元気な人もいました。また二カ月がすぎて、急性症状が治まった人もいました。

しかし、一方では深刻な状況に置かれた原爆被害者も少なくありません。やけどによるケロイドを持った被害者が数多くいました。市内のあちこちで痛々しい包帯姿の人を見かけました。原爆症の症状の重い人たちは、戸外に出ることもできませんでした。寝たきりで、脱毛、嘔吐、下痢、発熱などの症状に苦しんでいたのです。家族が付き添っていても、患者の苦しみをやわらげることはできません。こうして秋が来ても冬が来ても、死の恐怖に直面して日々を過ごしていた人が少なくありませんでした。

平一の妻・美枝子の実家の篠崎病院がそうであったように、どこの病院でも原爆症の症状に根本的な治療法はみつけられませんでした。恐ろしいことに、やけどがほとんどなくても、原爆症は人びとの命を奪っていったのです。症状の重い患者、体力の衰えている患者たちから、一人、また一人と亡くなっていきました。

この時点では、ひとまず無事な人も、いつ自分が急にぐあいが悪くなっていくかは、誰にもわかりません。したがって、八月六日の「あの日」に広島にいた人たちの将来への不安はとても強いものがありました。

原爆症に対する根本的な治療法がないことが、大きな不安材料でした。人びとは民間療法にも救いを求めました。原爆症に効果があるという話が広まって、お灸《きゅう》の売れ行きがよくなったりしました。

銘木店三代目社長

「七五年間、草も木も生えない」と原爆投下直後からいわれてきましたが、翌年の春には桜も咲き、雑草もしっかりと芽吹きました。このことは広島の人たちに、わずかでも安堵の気持ちをもたらすことになりました。

さて藤居銘木店は、平一が広島市内に戻った一九四六（昭和二一）年の秋から事業を本格的に再開していきます。三代目の社長として、祖父や父の代から仕事で世話になってきた人たちと連絡をとって、平一は仕事を始めたのです。

文字どおりゼロからのスタートでした。父が蓄えてきた銘木も原爆ですべて燃えてしまったので、平一は必死でした。広島市内に戻る前から各地をまわって、銘木を次々に仕入れました。倉庫に保管された銘木は、どんどん増えていきました。そして平一は新しく集まってきた従業員の先頭に立って、連日、荷を担ぎ、倉庫に銘木を集め、営業再開の準備を進めたのです。

仕事の途中で一服するときには、平一は久しぶりに本川に飛び込み、少しも衰えていない泳力をみんなに見せつけることがありました。水からあがった平一のよく日に焼けた肌は、水滴をはじくようにつややかに光っていました。このときの平一は体力と気力あふれる三六歳、由緒ある藤居銘木店の再出発は、平一の陣頭指揮によって進められました。

もっとも戦後直後のこの時期は、豪華な床の間を持てる家はほとんどありません。自らバラックを建てた人が多かったように、文字どおり雨露をしのげることが大事でした。平一は銘木だけではなく、床材、天井板に力をいれることで仕事を進めていくことにしました。

広島市内に戻った一九四六年、平一は社長として機敏に行動しました。自分の店の再建のためだけではなく、全国の銘木業界の組織化にいちはやくとりくんだのです。戦後には、新しい経済のルールのもとで、戦争中よりも木材を自由に扱えるようになっていました。誰でもこの業界で仕事をしていくチャンスが生まれていました。このようなときこそ、全国の業者が協力していかねばなりません。

平一はまず一九四六年に広島県銘木林産組合を設立し、組合長に就任しました。翌年には、日本銘木林産組合連合会を設立して副会長に就任しています。全国各地を自ら歩きながら、他府県の有力な銘木店と連絡を取りあって設立した組織でした。全国の銘木業界のリーダーとして、平一はこの後も長らく活躍することになります。

後に平一は、戦後直後に広島に帰り、家業を継ぐと同時に、銘木業者の組織化をすすめることを戦後の第一の使命にしたと語っています。家業を復活させていくだけでも、大きな苦労がありましたが、平一はそれだけでは満足しませんでした。

平一はすでにこの頃から組織づくりの名人でした。組織をつくるというと、何かいかめしい感じがしますが、人間と人間とが心を通わせあい、共通の目標のために協力しあってつくる会が組織です。そのためには電話や手紙でのやりとりだけでは不十分です。直接会って語り合うことが必要でした。平一はそのためにしばしば各地に出かけて、銘木業者とじっくり話し合ったのでした。

一九四七年の春、戦後初めての広島市長選挙がおこなわれました。この選挙に、平一の中学の先輩である浜井信三が立候補しました。浜井も原爆を生き延びた一人でした。選挙は浜井も含めて有力六候補が立候補して、大混戦です。

広島をどう再建していくのか。どのような街をめざしていくのか。平一は同級生と議論しながら、浜井信三の応援のために起ち上がりました。浜井の当選を願って多くの人びとが、応援にかけつけてきました。

一度やろうと思ったら、とことんやり続けるのが平一の性分《しょうぶん》です。選挙戦のさなか、広島の繁華街にある市電の線路脇で市電にぶつかりそうになりながら平一は応援演説をしました。熱が入りすぎて何度も市電を止めてしまいました。市電が停留所に止まると、車内に乗り込み、浜井候補の宣伝をする平一でした。

激戦のすえ、もう一人の候補者との決選投票になることになりましたが、その候補者が辞退したため、浜井信三は当選を決めました。浜井市長は広島の復興のレールを敷くために活躍していきます。

この年は、アカシア会（広島高等師範学校附属中学同窓会）と早稲田大学同窓会という同窓会に、平一が深くかかわり始めた年でした。広島高等師範学校附属中学と早稲田大学は平一にとってかけがえのない母校です。

それだけに、平一はこの二つの同窓会をぜひとも大切にしたかったのです。

アカシア会の歴史は古く、明治時代から活発に同窓会活動が続けられ、戦時中も会の歴史はとだえませんでした。原爆で全壊した校舎を再建するために、一九四六年には同窓会として復興資金を募集していきます。戦後直後にこれを提起できたのは、アカシア会が並々ならぬ力を持っていたからです。平一も浜井市長誕生に向けて、同窓生たちと協力したので、これ以降はアカシア会に積極的にかかわっていきます。一方、早稲田大学校友会広島支部を大学の先輩、後輩らとともに旗揚げし、平一は幹事長になります。この活動にも平一は全力を出しました。

この時期、食糧も住宅も不足していました。住宅不足を解消するために、平一の家のそばにある住吉橋のたもとにも住宅が一〇軒建てられました。

このような時代、敗戦からさして時間が経たない時期に、平一が同窓会にかかわり、同窓会に人びとが集まってきたことには、どんな意味があったでしょうか。

戦争で多くの若者の命が失われました。平一の世代は出征して戦死した者や原爆の犠牲者も少なくありません。帰らぬ友を思ってその寂しさをかみしめつつ、生き残った者として友情を確かめあいたい。同窓生たちの思いもそれにつきました。

戦後は新たな人間どうしの絆《きずな》を生み出した時代です。もちろん食糧や物資は大いに不足していました。しかし、もう空襲警報の心配はありません。平一は友人たちと語らいながら、新しい時代がどう動いていくかを考えていきました。

亡き父と妹を思い、平一はたえず祈りを捧げていました。しかし、それだけに心を奪われていることはできません。いま何をなすべきか。それは将来に向けてどのような意味を持っていくのか。平一は、じっくりと考え、行動を惜しみませんでした。友人たちともとことん語り合いました。そしてこの戦後直後につちかわれた人間のつながりが、後年にいたるまで平一を支えていくことになります。

地域の世話役として生きる

平一は、銘木業という仕事や同窓生だけを大事にしていたのでしょうか。そうではありません。自分が暮らす地域のことも大切に考えるようになります。

父の完一が長く町内会長を務めたように、地域での世話役としての仕事に平一はとりくみ始めたのです。戦後の広島で生き残った者たちは、地域のつながりが破壊された後で生活を立て直し、再出発をしなければなりませんでした。

そもそも戦争中は、町内会や隣組を通じて連絡事項が伝えられ、防火訓練や竹槍訓練などもおこなわれていました。戦後の日本を占領したＧＨＱ（連合国軍総司令部）は、この町内会などが日本を戦争に導く役割を果たしたと判断し、町内会を解散させました。

しかし町内会が廃止されても、廃墟から新しい暮らしを始めた人びとにとって、地域でのつながりは疑いなく大切なものでした。

こうして平一は地域の活動を始めていきます。まず一九四九年には地元に神崎保育園を開園するために大きな貢献をしました。そして一度ＧＨＱが解散させた町内会が占領終結の時期に復活すると、平一は町内会の中心にもなりました。

さらに平一は民生委員としても活動していました。民生委員とは地域の世話役です。行政の末端として、地域の人びとを見守っていくのが役目です。たとえば生活保護を受ける人たちの面倒をみたり、お年寄りのお世話をしたりするのです。

戦争が終わって五、六年が経過した当時は、日本はきわめて貧しい時代でした。広島市内でも多数のバラックが残り、平一の町内でも生活に苦しむ人が数多くいました。新しい住民も増えました。その人たちを平一は民生委員として一軒ずつ訪ねました。生活保護を受けられるようにお世話もしました。

町内には、原爆被害者としてひっそりと生活する人たちもいました。平一は生活保護を受ければ暮らしが少し楽になると、生活保護の申請を勧めましたが、絶対に生活保護などは受けられないと言って断る原爆被害者がいました。

この時点では、原爆被害者がどのような苦しみを背負って生きてきたかを平一はつぶさには知りませんでした。そのため、原爆被害者がなぜ生活保護の受給を断ったのかを、十分に理解することができませんでした。

後に一冊の本に出会い、平一は民生委員として原爆被害者の苦しみを十分に知らずにいたことを心の底からはずかしいと思うようになるのでした。

第五章　原爆被害者を救おうという声を受け継ぐ

原爆の恐怖が報道され、海外から支援が始まる

時代は一九四五（昭和二〇）年にさかのぼります。海外で広島への原爆投下がいかに報道されていったのかをふりかえっていきたいと思います。

原爆の恐怖について最初に報道したジャーナリストは、ウィルフレッド・バーチェット記者でした。一九四五年九月三日、広島を訪れたバーチェットは、広島の街に死の臭いが立ちこめているのを実感しました。「スチームローラーを掛けられて消滅してしまった都会」「一つの都会がカルタの家のように崩壊し去り、あとには塵《ちり》と芥《あくた》の中から、工場の煙突が無気味に突っ立っているだけ」と市内の印象を記しています。バーチェットは病院を訪れ、原爆症患者たちの苦しみも聞きとりました。

九月五日の『デイリー・エクスプレス』にバーチェットは、「無傷だった人までもが、何か

原因不明の病気で死んでいる」という記事を書きました。放射能の恐ろしさを世界で初めて警告したスクープ記事でした。ちなみに、バーチェットに数日遅れて、長崎に一番乗りしたジャーナリストはジョージ・ウェラー記者です。この幻の長崎ルポは、二〇〇五年に六〇年ぶりに日の目をみることになりました。

バーチェットに続いて、多くの人びとにヒロシマの惨禍を知らせたのは、ジョン・ハーシー記者でした。一九四六年五月末に広島で取材したハーシーは、ルポの主人公となる六人の原爆被害者をはじめとして、多くの被害者からじっくりと話を聞きとりました。八月末の『ニューヨーカー』誌に発表したのがルポ「ヒロシマ」でした。このルポを読もうという読者が殺到し、『ニューヨーカー』誌は一日で三〇万部が売れ、一〇〇紙以上の新聞にこのルポが転載されたそうです。

このハーシーの記事がきっかけになって、アメリカ国内では「ヒロシマの悲劇」について、数年間関心が高まりました。一九四七年の世論調査でも原爆開発を悪と答える人の数が、二年前と比較すると倍増しています。

外国人による広島への支援は戦後初期から始められていました。被爆後一カ月が経過した時点で、国際赤十字社の駐日代表のマルセル・ジュノーはＧＨＱに要請して一二、三トンの医薬品を広島に届けています。病院や救護所では医薬品が不足していましたから、何ものにも代えがたい援助でした。しかし、以後はGHQは要請に応じませんでした。

またジョン・ハーシーのルポ「ヒロシマ」が広く読まれたことで海外の日系人（広島県は海外移民の多い県で、アメリカ、ブラジル、ペルー、アルゼンチンなどに県出身者が多く移住していました）から寄付金が寄せられたのをはじめとして、占領軍として日本に駐留している兵士、宗教者などからも援助が寄せられました。

広島に貢献をした外国人で忘れてはならない一人が、フロイド・シュモー博士です。絶対平和主義の信仰を持っていたシュモーは、一九四九年からたびたび多額の寄付金を広島に届けただけではなく、広島市内で自ら先頭に立って二〇戸の住宅と集会所を作りました。そこで暮らした家族は五〇〇世帯に上るそうです。

原爆被害者を救おうという国内での動き

外国人、海外からのさまざまな救援の動きがありましたが、国内ではどのような動きがあったのでしょうか。一九四五年八月六日にさかのぼってみましょう。

被爆当日の八月六日の時点で、多くの救護所で医療活動に従事した医療関係者をはじめとして、警察、軍隊、警防団などの関係者が必死の救援活動にあたったことは言うまでもありません。当日には県内の警察官、警防団員などが市内に入り、翌日からは県外からも多数の救護班が現地を訪れました。しかし、燃えつくされ廃墟となった街での救護活動は、炊《た》き出しや負傷者の収容、死体処理をはじめとしてあまりにも苛酷なものでした。市内や似島《にのしま》で連日遺体の火葬に従事する人たちも、どれほどつらい仕事であったでしょうか。

被爆直後の広島市内は放射性物質で汚染されていました。そのような場で救護活動にあたった人たちは、自分自身が放射性物質で生命を脅かされることを知らないままに、必死で仕事をしていたのです。たとえ被爆の当日には広島市内から遠く離れていても、その後広島市内での救護活動に従事して、放射性物質を手や口などを通じて体内にとりこんでしまった人がいました。この人たちも原爆症になったのです。これは内部被曝という概念で今では知られています。その結果、少なからぬ人たちが原爆症の犠牲になりました。

一方、医学者・科学者は八月八日に広島入りして調査活動を始め、この爆弾が原子爆弾であることを確認しました。

全国からも救援物資や見舞金が寄せられていました。しかし街は壊滅し、死者が激増していきます。市民たちは日々生き続けていくことに精一杯でした。

四六年五月、広島市、広島市戦災供養会《くようかい》などが主催して、戦災死没者遺骨収容大供養週間をもうけて、焼け跡で遺骨収集をおこなっています。原爆投下の翌年になって、ようやく慰霊が始まっていくのでした。

さて以上見てきたように、被爆直後から救護活動に従事した人たちは無数に存在していました。ただ、生きのびることができた原爆被害者を支えていくことは、それとはまた別の課題でした。これらの動きが起きてくるのは、原爆投下から三年ほど経過してからのことです。

ごく早い時期から、原爆被害者を支えた人たちを何人か紹介しておきましょう。

たとえば谷本清《たにもときよし》牧師（日本基督《きりすと》教団広島流川《ながれかわ》教会）を忘れることはできません。谷本牧師は、ジョン・ハーシーのルポ『ヒロシマ』の主人公の一人でした。谷本は一九四八年九月に渡米し、広島の復興に対する協力をアメリカ人に求めました。パール・バック（ノーベル文学賞を受賞した作家）、ジョン・ハーシー、ノーマン・カズンズ（作家）などが支持することで、ヒロシマ・ピース・センターという組織を設立する準備が始まります。

四九年八月に広島を訪れたノーマン・カズンズは、原爆孤児の生活費用をアメリカで負担する精神養子《ようし》運動を呼びかけました。谷本は、ノーマン・カズンズらとともにヒロシマ・ピース・センターを一九五〇年八月に結成し、（戸籍上の養子とはしない）精神養子縁組《えんぐみ》の世話、原爆乙女の会の育成などを進めました。「原爆乙女」（原爆被害者の若い女性）たちの治療もこの団体によっておこなわれることになりました。

吉川清《きっかわきよし》は、原爆被害者として初期に起ち上がった被害者で「原爆第一号」と呼ばれました。

原爆ドームの近くで土産物屋を始め、原爆被害者の家を訪ね歩いた吉川は広島原爆障害者更生会を作り、意見の交流を始めるようになりました。

一九五二年八月には、原爆被害者の会が発足します。役員には吉川、峠三吉《とうげさんきち》らが名前を連ね、事務所は吉川の自宅におかれました。原爆被害者が団結して治療を求め、生活を安定させるとともに平和運動を推進しようという動きでした。この会では広島市に対して市民病院での無料診断を要求し、ＡＢＣＣに対しても要求し、米国に対する損害賠償などを求めようとしました。

この会の結成に、作家の山代巴《やましろともえ》が貢献しました。五〇年代初めには原爆被害者の救援に乗り出していた山代は、原爆の詩編纂委員会もつくって『原子雲の下より』を刊行しました。後には原爆小頭症の子どもを持つ親の会、きのこ会の結成（一九六五年）にも携わっています。

一方では、多くの医師たちが原爆被害者のために起ち上がりました。一九五二年、広島市の原爆障害者実態調査ならびに広島医師会、広島外科医会による原爆障害者の無料診療をきっかけにして、広島市原爆障害者治療対策協議会（広島原対協《げんたいきょう》）が設置されました。これは後々、重要な役割を果たす団体です。

国会への最初の請願行動は、一九五三年七月に広島、長崎両市長、両市議会議長の連名で原爆障害者治療援助に関する国会請願としておこなわれました。

以上、ごくかんたんに紹介しましたが、広島市の動き、宗教者が果たした役割など注目しなければならない動きはほかにもありました。原爆被害者を救おうという動きが、戦後しばらくしてから芽生えてきたという点が大事だと思います。

以上の動きにかかわってきた人たちは、藤居平一よりももっと以前から原爆被害者を支え、また原爆被害者として起ち上がった人びとで、平一の先輩格にあたります。これらの人びとの苦労があって、原爆被害者たちの動きが広がっていくのです。

また原爆被害者として、自らの被爆の経験を手記として発表する人が出てきました。被爆直後に書いた人もおり、敗戦から数年後にはかなりの数に達します。

不安のなかで生きる原爆被害者

それでは原爆被害者たちは、原爆投下から数年が経過した時期にどのような生活をおくっていたのでしょうか。

原爆被害者の圧倒的多数は沈黙を保っていました。原爆の被害について社会に訴えることは、格別な勇気がいることであり、とてもむずかしいことだったのです。

何よりも、放射線による後障害《こうしょうがい》によって健康状態がすぐれない人たちの苦しみは深刻でした。ケロイドがあるだけでも、とても苦痛を感じました。血液疾患や身体のだるさに直面する人も多くいました。そのために仕事を持つことができない人がいました。

　仕事を持つことができないとは、働く場所がないことと、働く場所があっても人並みに働けないという二つのことを意味していました。仕事に恵まれない人は、生活が苦しくなります。日々暮らしていくことが、やっとの人も多くいました。比較的元気な人で、日雇い労働に従事する人もいました。ただ、これも厳しい労働条件であり、安定した仕事とはいえません。一方、身体の調子が悪くて働かないと、怠け者扱いにされるのは、とてもつらいことでした。

　また原爆被害者への差別から、結婚に反対されることもしばしばありました。就職や結婚という人生の節目において、原爆被害者は大きな困難と直面し続けていたのです。

　そして原爆被害者は孤独に耐え、ひっそりと生きていました。多くの人が、家族や友人を原爆で失い、自分が生きのびてきたことに自責の念を持っていたのです。

　なぜ原爆被害者は自分を責めなければならなかったのでしょうか。広島で八月六日、長崎で八月九日に起きたことを考えてみたいと思います。原爆が投下された「あの日」を生き延びた人たちは、「あの日」に死んでいった多くの人たちを目撃しています。「助けて」「水をください」と言って息絶えてしまった人の姿を心に焼きつけているのです。その人たちが亡くなり、自分たちが生き延びてきたこと、助けを求めた人たちを助けられなかったことが罪の意識を感じさせたのです。そして「あの日」の血のにおい、死体の放つにおいを脳裏《のうり》から消し去ることは至難のことでした。できるならば忘れたい。しかし決して忘れることはできないのです。原爆被害者たちのこの苦しみと悲しみは、その後も続くことになります。

生活の貧しさならば、原爆被害者以外にも貧しい人たちがいました。敗戦から五、六年の時期には、掘っ立て小屋のような家に住む人は広島市内でも珍しくありませんでした。その意味で貧しさとは原爆被害者だけの問題ではありません。そして原爆被害者の苦しみとは貧しさだけに限定されるわけではなかったのです。

たとえば、身体にケロイドを持つ子どもたちのなかには激しいいじめを受けた人もいます。池田精子《いけだせいこ》（広島で被爆）は、「鬼が来た」とはやしたてられました。小峰秀孝《こみねひでたか》（長崎で被爆）は、「腐れ足」「鳥の足」と原爆で焼かれた足をあげつらわれ、「くさい」「きたない」とののしられました。そのようないじめが数多くあったのです。

身体の傷と病気、精神的な苦しみを持ち、現在と将来への限りない不安を持って多くの原爆被害者は孤独とともに生きていました。

占領下で原爆被害を伝える難しさ

原爆被害者が沈黙を余儀なくされたことには、時代背景も深く影響していました。

そのためには、日本が戦争に負けた一九四五年八月から、どんな時代が始まったかを正確に知る必要があります。戦争中の日本には自由がなく、戦後は自由になったと言われることも多いのですが、それはやや不正確です。

戦争に負けた年から六年七カ月も、日本は占領下におかれていたからです。ＧＨＱ（連合国軍総司令部）が日本の最高権力者であり、その中心は広島、長崎に原爆を投下したアメリカでした。この時代に戦争中とはまた違った意味で、人びとの自由は奪われたのです。たとえば原爆の悲惨な姿を世間に明らかにすることは、ＧＨＱによる検閲制度があるために大きな制約がありました。広島と長崎の真実を知ることでアメリカへの怒りが日本国内からわき起こることを、ＧＨＱは恐れたのでした。

この時代は、占領軍を批判するあらゆる行為は制限されていました。このことは、原爆被害者が沈黙を破って起ち上がっていくのをさらに困難にしたといえます。ただ、そのなかでも勇気を持って、原爆の被害を告発した少数の人たちがいました。

芸術家、文化人たちの努力も忘れてはいけません。すでに一九五〇年の時点で、丸木位里《まるきいり》、赤松俊子夫妻の「原爆の図」が発表されていました。これは原爆によって焼けただれて苦悶する人びとを描いた驚くべき作品でした。また峠三吉《とうげさんきち》は、一九五一年に『原爆詩集』を発刊しました。それに続いて原爆を体験した少年少女の作文集として知られている『原爆の子』が長田新《おさだあらた》の編集によって刊行されました。

一九五二年四月二八日、占領は終わりを告げました。これ以降、原爆の悲惨な姿がさらに多くの国民に知られていきます。これまで発表できなかったさまざまな作品や報道によって、多くの人たちが広島と長崎の悲惨な姿を知り、衝撃を受けることになったのです。

占領が終結すると、新藤兼人《しんどうかねと》監督による映画「原爆の子」の撮影が急ピッチで進みます。八月には『アサヒグラフ』八月六日号が「原爆被害の初公開」として発表され、全国の注目を集めて、計七〇万部を発行しました。これは日本映画社が原爆被害の実情を撮影した「原子爆弾の効果」が基になっていましたが、占領中であれば絶対に出版できないほどの衝撃力を持っていました。

こうして一九五二年の占領終結は一つの節目となって、それまで隠されてきた原爆被害の実相が本格的に世間に知られていきます。それに続いて次に述べる一九五四年の大事件が大きな意味を持っていくのです。

ビキニ事件で第五福竜丸に何が起きたか

一九五四年三月一六日、読売新聞が最初にその大事件を伝えました。その見出しには、「邦《ほう》人《じん》漁夫、ビキニ原爆《ママ》実験に遭遇―23名が原子病―一名は東大で重症と診断」とありました。

三月一日、静岡県焼津《やいづ》の木造マグロ漁船・第五福竜丸はマーシャル諸島のビキニ環礁《かんしょう》東方一

ビキニ環礁の水爆実験で被災した第五福竜丸（東京都江東区夢の島に展示されている）

六〇キロ、アメリカが設定した危険水域の外でアメリカのビキニ水爆実験によって被災しました（ビキニ事件）。乗組員たちは白い灰を大量に浴びました。広島・長崎型原爆の一〇〇〇倍以上のエネルギーに達する水爆実験によって、日本の漁船が「死の灰」を浴びるという大事故でした。

三月一四日、ようやく焼津に帰港した第五福竜丸が持ち帰ったマグロからは強い放射性物質が検出され、重症の乗組員は急性放射能症と診断されました。「死の灰」を浴びた乗組員たちはやけどがひどく、大量の放射線を浴びたことによって長期入院をよぎなくされました。

第五福竜丸が獲《と》った魚は、放射能で汚染されていたので販売中止になりました。

それだけでなく、各地の漁船が太平洋で捕獲した魚からも放射性物質が検出されました。魚屋や寿司屋の客はみるみる減りました。雨が降れば放射性物質が大量に検出され、人体に害はないかと人びとの不安はつのりました。

こうして広島・長崎の悲劇から一〇年も経たずして、ビキニ事件が庶民に衝撃を与えたのです。原水爆実験禁止を求める声が全国からわきおこります。全国の地方議会で原水爆禁止決議が採択され、同時に原水爆禁止署名運動が全国に広がっていきます。とりわけ東京の杉並では水爆禁止を求める先進的なとりくみがなされました。

原水爆禁止署名運動はとても勢いがありました。それは、同年一二月現在で署名数が二〇〇〇万人を超えたことから明らかです。ちなみに広島県では人口の四七・四パーセント（一九五五年八月現在）の署名が集められ、国連へと届けられました。東京都でも人口の四〇・八パーセントの署名が集められました。

署名運動は、かつてなかったほどの熱気で全国に広がりました。電車内でも乗客がこぞって署名に協力したなどというエピソードも残されています。

第五福竜丸が水爆の犠牲になったという驚きと、一九五二年の時点から広島、長崎の悲惨な姿が広く知られることで、市民は原水爆禁止を求めていくようになったのです。

平一もこの署名運動に積極的にかかわった一人です。平一は広島市の民生委員のリーダー格の一人として、署名集めを熱心に呼びかけたのです。このころ、原水爆禁止を求める広島の運動で平一の活躍ぶりが知られるようになっていました。

実は、平一は第五福竜丸の被災を知って、原水爆禁止を求める運動を始めたのではありません。その前に平一の人生を変える一つの出会いがあったのです。

それは、ビキニ事件の前年に刊行された一冊の本との出会いでした。『原爆に生きて』（三一書房）という本を読んで、平一は心を揺さぶられました。多くの原爆被害者の手記をまとめたこの本は、山代巴、川手健《かわてたけし》らを中心にした原爆被害者の会の会員が編集しました。

この本をいま読むと、その特長が十分に伝わってきます。まず、本書に登場する原爆被害者が、八月六日までをどのように過ごして広島で被爆し、それから後の日々をどのように生きてきたのかが掘り下げられています。

そして、原爆によっていかに身体と心が傷つけられたかが克明に記されています。重症のケロイドを持ち、夫に去られてしまったうえに家も失い、銭湯では入浴を断られるなどの辛酸《しんさん》を嘗《な》めた女性など、原爆被害者の苦悩も描かれています。この本の最後で、川手健は原爆被害者に正面から向きあっていくことの大切さを強調しています。

この本に出会った驚きについて、後に平一は「申し訳なかった。民生委員としてなんたることか」と思ったと語っています。なぜ申し訳なかったのか。原爆被害者が抱いてきた悲しみや苦しみについて、自分がまだまだ鈍感であったからだと思われます。民生委員とは、地域の人についてもっとも熟知しているべき存在です。自らも父や妹を亡くしながら、実際に広島で被爆した原爆被害者の苦しみを、完全には理解できていなかった。そのことを平一は悔しく思ったのです。

『原爆を生きて』を読んだ平一は数年前の情景を思い起こしたのではないでしょうか。民生委員として、町内の原爆被害者のお宅を訪ねたときです。とても厳しい生活をしているその人に、平一は生活保護を受けるように勧めましたが、その原爆被害者は断りました。

この本を読んだ平一は、生活保護を断ったその理由がはっきりと理解できるようになったのです。

(原爆で身体が傷んでいるだけでも差別されるのに、そのうえに税金のお世話になれば、もっと差別されるに違いない。なぜ生活保護を申請することができるだろうか。)

その原爆被害者は、本当はそう言いたかったはずだ……。

この一冊の本が、原爆被害者に対する平一の思いを強く揺さぶりました。自らが焼け跡を茫《ぼう》然自失《ぜんじしつ》しながら歩き回った日々と父や妹について、平一はあらためて思い出しました。そして平一は、全力で原爆被害者を救わなければと決心していきます。

父や妹を失った遺族として、自分も原爆被害者の一人ではある。しかし、自分と八月六日に直接被爆した原爆被害者には決して埋めることのできない距離がある。そのことを平一はあらためて痛感したのです。

癒《いや》すことのできない傷を身体にきざみ、精神的にも追いつめられている原爆被害者。彼ら彼女らを放置しておくことはできない。それが民生委員としての自分の役目でもある。

平一はそのことを強く心に刻み、すぐに行動を開始したのでした。

平一の新たな決意

原爆被害者を救いたいと思い始めた平一は、ビキニ事件によって生き方を変えようと思いました。広島、長崎に続いて、第五福竜丸についての関心が全国的に高まっています。原水爆禁止を求める声がわきおこる今こそ原爆被害者の問題に徹底的にとりくむべきではないか。

広島と長崎の実情を考えれば、平一の心中は複雑でした。水爆実験で被害を受けた第五福竜丸の乗組員がとても気の毒であったことはたしかです。ただ彼らには見舞金が支給されました。そして彼らが無料で最先端の医療を受けられるのに対して、広島と長崎の原爆被害者は放置されてきました。はたしてそれでよいのだろうか。

広島、長崎の原爆被害者、そしてその時点では全国の都道府県に移り住んでいた被害者は治療をしようと思えば、お金を払わなければなりません。また原爆被害者の多くが、生活の苦しい人たちでした。日々の生活の糧《かし》を得るために、日雇いの失業対策事業に出ている人も少なくありません。治療よりも仕事を優先しなければならない人たちも多くいたのです。

このようななかで平一は決意を固めました。

これまでは仕事のかたわら、原爆被害者の問題にとりくんできた。これからは社長業を後回しにして、原爆被害者救援と原水爆禁止運動に没頭していこう。これは、一つの会社の社長としては異例の決断でした。

会社とはどんな規模であっても、社長自らが先頭に立って動かしていく組織です。その社長が、日常的に会社の仕事と別のことに打ちこむのは会社にとってはあまりにも痛手です。各地の取引先からも人が訪ねてきます。銘木を頼みたいというお客さんにも、社長が長らく不在であることを説明しなければなりません。どう納得してもらえばよいのでしょうか。

世の社長さんが趣味に夢中になることとは違います。一つの市民運動を支えていくのは、あまりにも地味な役まわりです。日々の行動のための出費は、食事代も交通費もすべて平一の自己負担であり、収入はいっさい期待できません。

妻と三人の子どもを抱えています。従業員とその家族の生活に責任を負っています。したがって容易に決断できません。実業家としてはむしろ決断すべきではないことがらでしょう。しかし、平一は自らの責任で決断しました。妻の美枝子も、夫の考えが誤っているとは思えず、何とか夫を支え続けていこうと思ったのです。

こうして一九五四年から五年以上もの長き日々を、平一は社長業をかえりみず、自らの仕事と生活を投げうって原爆被害者の救援と原水爆禁止運動に全力でとりくんでいきます。

たしかに、日本中に原水爆禁止への思いが高まっている時期でした。多くの人たちが運動に情熱を燃やしていました。だからといって、あえて社長業を脇に置いてまで、運動に専念しようという決断をした人がはたしていたでしょうか。その決断をしたのが平一でした。

今の時点から見れば、時代のさきがけとなろう、熱き流れに棹《さお》さしていこうという一世《いっせ》一代《いちだい》の決断にも思えます。ただ、当時の平一はもう少し淡々とした気持ちで、自分にとって避けられない選択として、この決断をしていったようです。

民の手による原水爆禁止世界大会を

ビキニ事件の勃発は、日本の世論を急速にかえていきました。この年（一九五四年）の広島での平和記念式典の内容も変わりました。平和記念式典に引き続いて、原爆・水爆禁止広島平和大会が開かれ、二万人が参加しました。

ビキニ事件後の署名運動の盛り上がりがあってのことでした。それを今後、運動としてどうつないでいくかが署名運動関係者のなかで議論されていきます。

このような時期に、残念なニュースが報道されました。第五福竜丸無線長の久保山愛吉《くぼやまあいきち》さんが、闘病のかいなく放射能症で一九五四年九月二三日に亡くなったのでした。広島、長崎の原爆被害者以外で、核兵器の犠牲となり命を落とした最初の人でした。

一〇月二四日、原水爆禁止署名運動全国協議会第二回世話人総会が開かれました。「被爆一〇周年の来年、広島で世界大会を開こう。今から準備をはじめよう」という提案がなされたのは、この会議の場でした。提案したのは広島から参加した広島大学教授の森瀧市郎《もりたきいちろう》でした。もちろん森瀧だけの考えではなく、平一たち広島の運動家の総意でした。広島の運動家は、この案を以前から考えていたのです。

広島からのこの提案は、参加者の賛成により実行されることになりました。急速に進んだ署名運動をどう発展させていくべきかという問いに対して、市民の手で世界大会を開くという新たな目標が見出されたことになります。

世界大会開催の提案は、誰もが賛成できることでした。ただ、それを提案した広島のメンバーも、世界大会についての具体的なイメージはありませんでした。平一も、外国代表団に慰霊碑の前で黙禱《もくとう》してもらうことを考えていただけでした。一方、会社社長である平一は、この世界大会を実現するためには資金集めがたいへんであることを最初から承知していました。資金集めに自らが責任を負うことを覚悟したのです。

署名運動を進めてきた全国の人びとと話す折に、平一には気がかりな点がありました。原爆被害者の思いが十分に理解されているだろうかという点です。もちろん全国の署名運動参加者を責められません。平一自身も最初からすべてを理解していたわけではないのですから。

署名に応じてくれた多くの人びとに、原爆投下から一〇年近くひっそりと生きてきた原爆被害者の苦しみをぜひ理解してもらいたい。平一はそのように思ったのでした。

平一は後に、自らが被害者問題を力説したときに、「みんなから嫌われるんです。被害者問題というのは、あの中（最初の原水爆禁止世界大会の準備過程）では嫌われ者の言うことでした」と述べています。この発言は、基地問題を重視しようという意見が運動の内部で強かったという事情と関係づけて理解する必要があります。原爆で身体と心を深く傷つけられた原爆被害者の問題が、最初から多くの人の十分な理解と関心を集めていたわけではないことがうかがわれます。

第六章　原爆被害者たちの先頭に立って

原水爆禁止世界大会を準備する

初めての原水爆禁止世界大会が一九五五（昭和三〇）年の夏に開かれることが決まって、広島でも準備が始まります。しかし具体的な準備の前に、そもそもどのような大会にするかが問題でした。

一九五五年四月六日、森瀧市郎は藤居平一と原水爆禁止世界大会について話し合いました。森瀧の日記によると、森瀧も平一も「全人類が生きるために」という全人類の普遍的集会になるようにという考えでは共通していました。「ピュア・ヒューマニズム」「全人類共同の運命に対処するために」という考えは、森瀧市郎が提唱しましたが、平一もかねてから原爆の被害者は日本人だけではない、世界大会という以上、世界の人びとに訴えかける大会にしたいと考えていました。

当時は、アメリカを中心とする資本主義陣営とソ連や中国を中心とする社会主義陣営とが対立していました。日本はアメリカ側の陣営の一員です。アメリカにもっとも忠実な国である日本には、アメリカの軍事基地が数多く存在していました。国民のなかにはアメリカ軍基地の存在を疑問視する声もありました。原水爆禁止の署名に協力した人びとにも、同様の意見を持つ人たちがいました。

しかし、森瀧と平一の二人は、原水爆禁止世界大会を誰もが参加できる場にしたいと願っていました。平和の敵は誰かを突きつめて、敵を追いつめるような場にするのはふさわしくないと考えたのです。それよりも思想、政治、宗教などのさまざまな立場や意見の違いをのりこえて、原水爆禁止の叫びを被爆地から世界へ伝えていくという大会をめざしていたのです。これは原水爆禁止運動の出発点を考えるうえで注目すべき点です。

五月二一日には、原水爆禁止世界大会広島準備結成総会が開かれました。会長には浜井信三（前広島市長）、事務局長に森瀧市郎（広島大学教授）が選ばれました。財政委員長は坂田修一（前広島市助役）で、坂田は浜井市長と同じく平一にとっては中学の先輩でした。平一は財政副委員長という役になりました。

どんな催しを準備するときにも、財政をどうするかはもっとも重要な課題の一つです。被爆後一〇年の広島を、海外からの参加者も含めて何千人もの人びとが訪れ、大きな会議を開く。

娘たちも父を応援。左から次女、長女、三女

最初の原水爆禁止世界大会を前に署名と募金を訴える平一（右端）

それは初めての経験ですから、何よりも多額のお金を必要としていました。参加者は多かったけれど、大赤字を出してしまったということは許されません。それは実業家の平一にとって、あまりにも自明なことでした。

そこで平一が中心になって、大会資金を集めるための努力が本格的に始まりました。街頭での募金活動、町内会でのとりくみなど、さまざまな方法でお金が集められていきました。なかでも注目されるのは広島市小学校PTA連合会、広島市婦人連合会、同青年連合会が市内九万世帯に呼びかけて「原水爆禁止世界大会一〇円募金」を実施したことです。民生委員を長くやってきた平一の発案で、全市の町内会で一〇円募金にとりくんでもらうことを各町内会長に頼んで歩いたのです。

平一は募金活動のために必死でした。六月四日から街頭募金が始まりましたが、広島市の繁華街である紙屋町《かみやちょう》で、週末になると平一が先頭に立って妻の美枝子、まだ小学校に入っていない三女の三鈴も含めて、三人の娘たちも募金活動をおこないました。まだ幼い娘たちの努力もむだではありませんでした。

大会資金を集めるために各家庭に回覧された書類には、平一の提案で、トルコの詩人ヒクメットの詩が掲げられました。

原爆で死んだ少女

ナジム・ヒクメット

トビラをたたくのは、あたしです
ひとつひとつみんなたたきます
あなたの眼には、あたしは見えないの
死んだ人を見ることは出来ないのだもの
十年前のことでした

広島であたしが死んだのは
あたしは七つの子
死んだ子は年をとらないのだから

はじめは髪に火がつき
それから眼が焼かれてしまい
あたしは一つかみの灰になりました
そしてあたしの灰は散ってしまったのです

あたしはもう何もいりません
何もしてもらう事も出来ません
紙切れのように焼かれてしまった子供には
もう、おいしいお菓子も食べられないのです

でもあたしはトビラをたたきます
ひとつひとつみんなたたきます

おじさんもおばさんもどうぞ署名して下さい
もう子どもが決して殺されないように
子供がいつもおいしいお菓子を食べられるように

こうして募金活動が大々的に始まっていくなかで、打てば響くように、市民たちはお金を出し始めました。原水爆禁止世界大会に寄せる広島の人びとの期待は実に強いものがありました。

森瀧は書いています。「募金も地下水の相寄るがごとく集まった。郷里の山村の婦人会から募金を持ってはるばる事務局を訪ねてくれたときには、疲れも一時に吹っ飛ぶ思いがした。街頭で募金すると、たちまちたすきがけの人垣が長々と続いた」。

事務局長の森瀧は、すでに四月の時点で「世界大会のこと分秒も忘れ得ぬ重荷となり」と日記に書いています。リーダーの森瀧は広島大学教授としての仕事もあるのでたいへんでした。森瀧を支えながら、事務局で日々忙しい仕事に従事していたのは、佐久間《さくま》澄《きよし》、川北浄、松江《まつえ》澄《きよし》、平一の四人が中心でした。仕事は山のようにありました。昼用と夜用の二つの弁当を持って、平一は朝から事務所につめていました。

あるとき、中国山地にある君田村《きみたそん》の小学生から大会事務局あてに手紙が届き、百円札が同封されていました。世界大会の成功を願って、おこづかいを少しずつためたのでカンパしますと書かれていました。感激した平一は、このうれしいニュースを市政記者室の記者たちに記事にしてもらうように頼みました。

「世界史の書き換えが、原水爆禁止運動によって始まるんじゃ」と平一は記者たちの前で言ったそうです。これはどんな意味でしょうか。

シーザー、秦の始皇帝、ナポレオンというように、これまで語られてきた世界史はいつも権力者の歴史だったが、これからは庶民のカンパする百円が大きなエネルギーを生み出し、新たな世界史の方向を決めていく。そしてその新しい歴史を進める庶民のエネルギーを世界史として描いていくのは、ジャーナリストであるあなたがたである。平一は報道記者たちを前にしてこのような熱弁を振るったのでした。

愛される広島カープのように

さて原水禁世界大会に向けて、なぜ広島県内で募金は予想以上に集まったのでしょうか。その理由を考えてみたいと思います。もちろん、被爆地広島の市民による熱い期待がありました。原水爆禁止への支持が高まるという当時の社会情勢も影響していました。

ただ、財政委員会による「募金要綱」に興味深い一節があることに注目しましょう。「望むべくんば、カープに対する熱情を募金及び大会盛上げに再現したい」。

これはどういう意味だったのでしょうか。

読者の皆さんは広島カープの成り立ちを知っていますか。広島市を根拠地に戦後に発足したプロ野球球団です。当時も広島市民の熱狂的な応援を受けていました。

広島カープは親会社を持たない市民球団として結成されました。全国のプロ野球球団のなかでほかにそのような球団はありません。廃墟となった広島の復興を願いつつ、広島カープを応援しようという市民の声は高まりました。ちなみに、なぜカープという名前になったのでしょう。鯉（カープ）は太田川の名産の一つであり、広島城が鯉城《りじょう》と呼ばれてきたことに由来しています。

広島カープの歩みは苦難の連続でした。資金不足で球団がつぶれそうになったときには、広島市民が酒樽でお金を集めて、カープを救いました。原水爆禁止世界大会を目前にしていた一九五五年の時点でも成績はふるいませんでした。相変わらず球団は貧乏で、スター選手も多くはありません。しかし、広島では老いも若きも、男も女も子どもたちも、職業や社会的立場の違いを超えて、広島カープに熱狂的な声援を送り続けていました。

原水爆禁止世界大会を準備する平一たちは、広島カープのように市民から愛される大会を開きたいと思っていたのでした。そして、広島県内では主催者の願いどおりに現実は進んでいきました。ただ全国の状況を見ると、決して大会資金が楽々と集まったわけではありません。労働組合も大会資金集めに協力して、何とか目標額が集められたというのが真相のようです。

さて大会が近づくにつれて、もう一つの大仕事は大会参加者の宿舎を確保することです。広島の旅館とホテルは当時まだごくわずかだったので、宿舎は圧倒的に不足していました。そこで平一たちの判断で、全国からの参加者に原爆被害者の家に民泊してもらうことを試みました。これは宿舎不足への対策だけではなく、原爆被害者の声を直接参加者に聞いてほしいという考えがあってのことです。

その当時は広島においても、原爆被害者救済への関心は立ち遅れていました。原水爆禁止世界大会にあたって、地元からも「被害者を入れたらうるさくなる」という声が出ていたほどでした。全国で大会準備にあたっていたなかにも、被害者を軽視する人がいました。そのような動きに対して、原爆被害者をはずしてなぜ原水爆禁止運動といえるのだろうかと、平一は強く反発していました。

平一は、何人もの原爆被害者に世界大会で発言してくれるよう説得しました。共に裏方として苦労した竹内武はその場面での平一のことばを記録しています。

「話をせんにゃあ、原爆のむごさは人には分からんのんじゃけえ（わからないのだから）」。

何人もの原爆被害者を説得する平一の気持ちの奥底に、「まどうてくれ」という心情がありました。「まどう」とは広島でも償《つぐな》う、元に戻すという意味です。傷ついた身体と心を「まどうてくれ」という気持ちが、少なからぬ原爆被害者の心のなかにうずまいていたのです。

村戸由子《むらとよしこ》も、平一から説得を受けた原爆被害者でした。二〇代初めの由子は顔に深い傷が残り、心も挫《くじ》けてしまう日々を過ごしていました。教会で賛美歌を歌い、聖書を読むだけでは物足りない思いも感じ始めていた頃でした。平一の慈愛に満ちたまなざしに励まされ、自らの悲しみを世界の誰にもまた味わってほしくないという思いをこめて、大会での発言を決意しました。「まどうてくれ」は由子にとっても心の叫びを表現することばでした。

いよいよ大会が近づいてきました。市内のあちこちに原水爆禁止世界大会のポスターがはりだされました。大会直前には、広島刑務所内の受刑者八九一人からも一万九五二五円の寄金が寄せられました。

原水爆禁止世界大会幕を開ける

原水爆禁止世界大会は一九五五年八月六日から三日間、広島市公会堂を主会場として開かれました。内外の代表、約五〇〇〇人が参加しました。開会総会では、原水爆禁止世界大会日本準備会事務総長安井郁《やすいかおる》の経過報告がおこなわれ、内閣総理大臣鳩山一郎からも祝辞が寄せられました。広島市公会堂は満杯で、多くの人が会場の外で耳を傾けていました。大会参加者は、誰かに参加を指示されたのではなく、自らの意思で参加した人がほとんどでした。

第一日の夜、平和公園で開かれた歓迎と祈りの国民大会には三万人が集まり、「原爆を許すまじ」の大合唱がわきおこりました。

この夜、市内の川べりでは原爆の犠牲者の霊を慰めるために灯ろう流しがおこなわれました。多くの市民がかけつけ、灯ろうを見送りながらじっと手を合わせました。

原水爆禁止世界大会では、原爆被害の実相をどう伝えていくのかが問題でした。そして原爆被害者自身が語りかける場をつくることができました。全体会では高橋昭博（広島）、山口みさ子（長崎）、久保山すず（第五福竜丸・久保山愛吉氏の妻）の挨拶がおこなわれました。第二日には、分散会が開かれましたが、その冒頭では、原爆被害者が被爆当時の証言をしました。これも平一が提案して実現した試みでした。

また八月五日夜から関東からの大会参加者が民家に分宿し、六日の全体会終了後にも本川小学校で大会参加者と原爆被害者との懇談会が持たれました。

後に平一は、大会参加者が民泊して原爆被害者から話を聞いたことの意義について、次のように語っています。

「話す方は奔流《ほんりゅう》の如く話すでしょう。聞く方は泣きながら聞くでしょう。だから今度は泊めた方が教育されたわけです。それで一遍に広島の空気が変わりました。それは間違いなく民宿の効果でした」

世界大会の全体会で発言した原爆被害者のなかから、山口みさ子（長崎原爆乙女の会会長）の発言を紹介しておきましょう。

「私は一五歳で原爆を受け、母、弟を亡くしました。それ以来一〇年間という長い苦しい時代を皆さんにわかっていただくことが……（涙で聞こえず）現在、からだは何ともなく、大学病院に勤めています。傷のために毎日、毎日、悲しい苦しい生活を送っています。今日か、明日かという運命を持っている人もいっぱいいます。どうかここにお集まりの皆さん……（涙で聞き取れず）原爆のため母を失った人、またいまに母が倒れたらどうするかも分からない人は、いっそ死んでしまおうとまで考えます。しかし、今私たちが死んだら、原爆の恐ろしさを世界中の人に誰が知らせてくれるのでしょう（大拍手）」。

山口みさ子は長崎医大の掃除婦として働いていました。彼女の発言に感銘した平一は、「（原水爆）禁止運動の性格を一変させたのはこの乙女であったといってても過言ではなかった」と後

最初の原水爆禁止世界大会

に語っています。

原水爆禁止世界大会という場が、原爆被害者の苦しみを知るための第一歩になってほしい。大会を準備してきた平一の願ったことは、まさにこのことでした。一九五二年以降、それまで隠されていた原爆の悲惨さがようやく報道されるようになりましたが、この世界大会の場で直接に話された原爆被害者のことばが参加者を揺り動かしたのです。

村戸由子は一〇年間の苦しみを分散会の場で訴えました。一九〇〇人の拍手を受けて演壇を降り、由子は涙を流しながら「生きていてよかった」と平一の前でつぶやきました。苦悩をさらけ出すことで、初めて社会に認められたという感動が胸をよぎりました。

大会宣言では「原爆被害者の不幸な実相は、広く世界に知られなければなりません。その救済は世界的な救済運動を通じて急がれなければなりません。それがほんとうの原水爆禁止運動の基礎であります。原水爆が禁止されてこそ、真に被害者を救うことが出来ます」とうたわれました。

わずか一年前とは大きな違いでした。世界大会の場で原爆被害者救援の方向が打ち出されたのです。そしてこの流れによって、被害者自身も発言していこうという気運が高まりました。

平一は大会期間中、全体会場の外で救援物資の受付をするなど、裏方としても奮闘しました。地味な仕事を支えるスタッフも、大会の成功に貢献しました。

大会の後、全国各地から「被爆の実相」を知らせてほしいという声が出され、原爆被害者が全国に派遣されるようになります。「あの日」に何が起きたかを話し、核兵器を何としても禁止しなければならないと訴えると、聴衆との絆は深まっていくのでした。

さて、この原水爆禁止世界大会の成功は何をもたらしたでしょうか。原水爆禁止を願う世論が強まり、新しい恒常的な組織が作られることになりました。一九五五年九月一九日の原水爆禁止世界大会日本準備会の最後の総会で、原水爆禁止署名運動全国協議会と原水爆禁止世界大会日本準備会を一本化し、原水爆禁止日本協議会（日本原水協《にほんげんすいきょう》）を結成したのです。

この日本原水協には、思想・信条の違いをこえて、原水爆を許さないという思いで人びとが集まりました。無党派の人はもちろんのこと、保守政党からも革新政党からも参加しました。宗教界でも、宗派の違いを超えて多くの宗教者が参加しました。

原水爆禁止署名運動全国協議会を継承して、代表委員には著名な人びとが集まりました。ノーベル賞受賞者の湯川秀樹、元首相の片山哲、前広島市長の浜井信三、キリスト教徒の賀川豊彦、仏教徒の椎尾辨匡《しいおべんきょう》、保守政治家の楢橋渡《ならはしわたる》、革新的な知識人である大内兵衛《おおうちひょうえ》、女性も植村《うえむら》環《たまき》、奥むめお、羽仁もと子、平塚らいてう、山高しげりと五人いました。

全国のリーダーも多彩な人びとでした。たとえば長野県原水協の会長は善光寺の大僧正《だいそうじょう》である半田孝海《はんだこうかい》です。善光寺は県内有数の観光地であり、無宗派の寺院として何百年にわたって知名度を持ち、人びとの信頼を集めていました。また各地では自治体の長が大きな役割を果たしました。政治的な立場の違いを超えて、保守的な人びと、革新的な人びとが大同団結しました。それが当時の原水爆禁止運動だったのです。

この全国的な動きの一環として、広島でも原水爆禁止広島協議会が五五年一一月二六日に正式発足しました。代表委員には、浜井信三、森瀧市郎ら七人が就任し、平一は事務局次長を務めることになりました。

広島県内でも世界大会をきっかけに次のような動きがありました。世界大会のときに、広島県芦品郡《あしなぐん》から出てきた井上昇は、「被害者といえども参加金を出さなければ」と言われて、一度は憤慨しました。「われわれ被害者を差しおいて、なんで原水爆禁止をやるのか」と思いました。

だが、井上は受付にいた平一から説明を聞いて納得します。そして大会後、原爆被害者の会の結成を決意し、他の郡にも呼びかけて広島県東部原爆被害者連絡協議会を誕生させました。

このような動きが各地で起こってきました。世界大会の成功と、原水爆禁止を求める全国的な組織、日本原水協の誕生は原爆被害者にとっても励ましになりました。思想信条を超えて、広範な市民が日本原水協のまわりに集まっていたのです。

あたかも、小さな種火がやがて燎原《りょうげん》の火となって、大地を覆いつくしていくようです。そして地中に染み出した地下水の限られた水流が後に滔々《とうとう》たる大河へと転じていくようでもあります。日本列島の津津浦浦で原水爆禁止を求める声が、急速に広まったのです。

平一はずっしりとした高揚感を味わっていました。しかし、運動を進めていこうと思う者は、自己満足して立ち止まっていられません。

平一たちは次の課題に向きあいます。原水爆禁止世界大会は成功しました。しかし、このまま翌年を迎えてよいのだろうか。大会の直後にそう思った平一は、今中次麿《いまなかつぎまろ》、佐久間澄、庄野《しょうの》直美《なおみ》、松江澄らと今後の運動の方向について相談を始めます。

「組織なくして運動なし」という言葉を、平一はモットーとしました。これは銘木業者たちの組織をつくった経験から、平一がつかみとったことでした。原爆被害者にとって、組織が必要だ。原水爆禁止世界大会のときだけではなく、原爆被害者が願いをかなえていくために、自前の組織が求められているのではないか。そのことを平一たちは考え始めたのです。そして広島県内や長崎の原爆被害者とも意見をかわしながら、平一はその構想を固めていくことにしました。

映画「生きていてよかった」

誕生したばかりの日本原水協は、原爆被害者を描いた映画作りに乗り出すことになりました。

映画「生きていてよかった」（亀井文夫《かめいふみお》監督）の製作が始まったのは、一九五五年の暮れでした。日本原水協が製作の中心となり、原爆被害者を救うために企画された映画です。平一も映画の実現のために働くことになりました。

一二月三〇日には、亀井文夫監督、勅使河原宏《てしがわらひろし》助監督らが平一宅を訪れ、原爆乙女たちとの打ち合わせがおこなわれました。森瀧市郎も同席しています。カキの水炊きを食べながら懇談する際に、映画のタイトルも話題になりました。この時点では映画のタイトルは決まっていませんでした。

平一は、世界大会で原爆被害者として証言した村戸由子がポツリと「生きていてよかった」とつぶやいたことを話しました。亀井監督は身を乗り出してうなずきました。こうしてタイトルが決まりました。さらに夜中まで話し合って、「生きることも苦しい」「死ぬことも苦しい」「でも生きていてよかった」と三部構成にすることにしました。

映画の撮影が始まると、平一は原爆被害者に出演してもらうよう説得を始めました。だが、それはとてもむずかしい仕事でした。考えてみてください。原爆被害者は自らの身体の傷を人前にさらすことなどは絶対にしたくありません。まして映画館で全国の人たちが見る映画に、なぜ出演できるでしょうか。

「あゆみグループ」の一員として、原爆孤児を支えてきた松井美智子は映画の題名の由来を聞いて、「簡単に生きていてよかったなんて言わないでください」と平一と亀井監督に食ってかかりました。

松井が支えてきた少年のなかには、一個のおむすびを盗んで少年鑑別所に入れられた子や、五人の弟たちを養うために必死で働いている青年、原爆で親と家族全員を亡くしたという苛酷な境遇で精神を病んでしまった少年がいました。それだけに映画の題名に、最初はとても納得できなかったのです。

松井の厳しいひとことが平一に突きささりました。平一は涙を流しながら必死でこたえました。

「私にできることがあれば何でも言ってください。原水爆は絶対になくなりますよ。希望をもって一緒に生き抜きましょう」

松井たちの「あゆみグループ」は映画への出演を決めました。

広島の世界大会で原爆被害者として発言した山口みさ子も、映画への出演には格別の勇気を必要としました。しかし平一たちの説得もあり決断しました。

監督の亀井文夫は、みさ子について書いています。前髪を上げてもらったら、指が三本入るぐらいの深い谷になっている傷があり、気の毒であったこと。カメラを向けるのは辛いが、平和への武器にと思ってあえて撮影したことを。

「生きていてよかった」と世界大会でつぶやいた村戸由子も、平一に説得されて出演を決めました。ただ、「はじめはいやでいやでたまりませんでした」と述懐しているように、とても心労の多いことでした。

この映画には、長崎で被爆した後、一一年間寝たきりで家から出ることができなかった渡辺千恵子も出演しています。撮影のための外出が一一年ぶりの外出になったのでした。戦時中、女性たちがモンペ姿だった時代から長崎の街が大きく変わっていることに、千恵子は強く驚きます。

原爆を描いた作品としては、新藤兼人監督の「原爆の子」（一九五二年）がすでに高く評価されていましたが、記録映画として原爆を描いた初めての作品である「生きていてよかった」は上映開始後、予想以上の反響を集め、一九五六年九月までに全国四二五カ所で上映されたといいます。ドキュメント映画として原爆被害者が初めて描かれたこの映画は、いま見ても強く訴えかける力を持っています。

第七章　国会請願行動、そして日本被団協の結成へ

初めて一つになった広島県内の原爆被害者

今からふりかえるとふしぎです。戦後一〇年もの間、広島県内の原爆被害者が一堂に会したことはありませんでした。県内の被害者たちは八つもの別々の団体に属していました。もちろん、これらの団体とは一切かかわりを持たない被害者も多くいました。

原水爆禁止世界大会が成功し、ばらばらに分かれていた原爆被害者たちが一つにまとまろうという気運が高まりました。これは八つの団体の当事者と、藤居平一が事務局長を務める広島県原水協・原爆被害者救援委員会とが何度も話し合いを重ねて、実現できたことでした。原爆被害者が一つになれば、原水爆禁止と被害者の自立更生、救援運動の推進という大目標に近づけるという期待は実に大きなものがありました。そして一九五六（昭和三一）年三月一八日、広島市内の千田《せんだ》小学校で初めて県内の原爆被害者が参集する広島県原爆被害者大会を開くこと

にしたのです。この大会を成功させるために、また街頭での募金活動がおこなわれました。

大会は三〇〇人の人びとが集まって成功しました。翌日東京へと出発する請願団のメンバーと後々まで原爆被害者の願いとして意味を持つことになるスローガンを決定しました。

大会で確認された決議には、原・水爆被害者援護法（仮称）を制定して、原水爆被害者に国家補償を与えよという要求が盛りこまれていました。たとえば原爆被害者の身体および生活面の調査を始めてほしい、全被害者に十分な診療の機会を与えてほしい、原爆障害者の治療費を全額国庫負担にしてほしい、国は広島に原子病治療研究所を設立してほしいなど、原爆被害者にとって切実な願いが掲げられていました。

大会の「宣言」では、「（被爆から）十年余り、うつむいて、別れ別れに、隅っこに生き残ってきた私たちが、もう黙っていられないで、手をつないで立ちあがろうとして集まった大会」であることが記されています。そして、原水爆実験が続く世界の現状を前にして、「私たちはもはや、いかなる力の前にも黙っていない覚悟」であると宣言しています。

この日のエピソードについて、竹内武が証言しています。

当日、五〇〇人の参加者を予想して用意したパンが二〇〇人分残ってしまい、平一は市内の原爆孤児収容施設にパンを配って感謝されたそうです。当時は、食べ物があふれている現在とは事情が違っていました。参加者の昼食を用意する必要があったのでした。

東京への出発前に平和記念公園で記念撮影した国会請願団。
中央が平一（1956年3月19日）

原爆被害者が初めて国会請願に行く

大会の翌日、三月一九日の午後、今は亡き人びとの遺影を胸に抱きながら、四〇人を超える原爆被害者は広島駅に集まりました。広島県内の全域から参加しているので、初めて知り合いになる人も多い一団でした。国会請願という文字が記されたタスキをつけています。着物姿の女性が数多く参加しているのがとても目立っていました。長崎の山口仙二を加えた四二人が夜行列車「安芸《あき》」に乗りこんだのです。

この請願団の団長を務めたのは平一でした。列車が午後二時に広島駅を動き出すと、平一はまず名簿を作り、次のような要請文を書き始めました。時間はたっぷりとありました。東京駅に到着するのは翌朝でした。平一はじっくりと考えながら、以下の文章をまとめました。

「広島県下に在住する原爆被害者の代表が被爆後十年余り経った三月十八日、初めて一堂に集まり、ひざをまじえて話しあいをしました。

悲しみと怒りの涙に咽《むせ》びながら、私たちは今度こそ原水爆の惨劇を許すまいと誓うとともに私たち自身の切実な肉体的、精神的悩みを解決しようと語り合いましたが、到底私たちの微力を以ってしては解決できません。

よって左記次項は国家の愛の政治に待たなければなりませんので私たち四十一名が大会の代表として選ばれ、これが実現を図るため請願に参りました。

なにとぞ、被害者の生命の恐怖、生活の苦衷《くちゅう》をご推察下さいまして早急に善処を賜《たまわ》りますよう伏して請願申し上げます。

記

一、水爆実験を即時停止するよう措置せられたい。

二、原爆被害者援護法（仮称）を制定せられたい。

原爆被害者は広島、長崎のみならず、全国に散在しています。いつ発病するか不安の生活をしています。本年になって四名が原爆症で死亡しています。それで、原爆症の根治療法を確立するとともに一日も早く援護法を制定せられたい」（ルビは著者、以下同）

列車は翌日、三月二〇日の朝、東京駅に到着しました。広島駅を出発するときと同じく、報道陣が集まって、フラッシュをたいて写真撮影を始めました。出迎えの人たちも数多く東京駅に集合していました。その人たちは、「太平洋の水爆実験をやめてもらおう」「原水爆被害者の健康管理の即時実施」「原水爆被災者に治療費、援護費の全額国庫負担」と書かれたプラカードを手にしていました。東京での歓迎団長の小佐々八郎《こさ さはちろう》（原爆被害者、長崎市議会副議長）が請願団を出迎えました。平一は団長として次のような挨拶をしました。

「私たちは十年間も黙ってうつむいて涙を流しながらすごして来ました。その私たちが今こうしてはるばる請願のために上京するまでになったのです。それは私たちを包んで下さる日本全国の皆さんの暖かいまなざしと平和への熱意です。私たちの背景には今なお原爆症の痛手におののく二九万の人々と三十万の地下に眠る人々の消えることのない願いがあるのです。原水爆禁止、犠牲者救援の私たちの願いが達成されないはずはありません」

請願で国会を訪れ発言する平一（1956 年 3 月 20 日）

国会請願の後、東京・音羽の鳩山首相邸を訪れ鳩山薫子夫人（前列中央）に陳情した請願団（1956 年 3 月 20 日）

「原爆を許すまじ」の歌声が朝のホームに響きわたりました。

ふるさとの街やかれ
身寄りの骨うめし焼土《やけつち》に
今は白い花咲く
ああ許すまじ原爆を
三度《みたび》許すまじ原爆を
我らの国に

この日の国会請願では、各政党と国会議員に対して、原爆被害者への補償を訴えました。車いすの鳩山一郎首相も要請に聞き入りました。さらに請願団は音羽の鳩山首相私邸を訪ねました。鳩山首相夫人はお茶とカステラで請願団をもてなし、被害者を励ましました。

この請願行動に参加した阿部静子、池田精子、村戸由子らは、行動の先頭に立つ平一の存在感が実に大きかったことを回想しています。原爆被害者による初の国会請願は、日本の政治の本丸での叫びとして、世論にも訴えかけるものがありました。しかし、ただちに獲得した成果はなかったので、その点で請願団は少し落胆しました。

長崎の被害者とともに

平一は、請願団の一員として、長崎から山口仙二に参加を依頼しました。国会に請願に行くのに、広島だけで行くことはありえないと平一は考えていました。旧知の山口に長崎の原爆被害者の代表として、ぜひ参加してほしいと頼んだのでした。

広島と長崎の原爆被害者の結びつきは、最初は強くありませんでした。一九五三年四月に長崎でおこなわれた広島・長崎原爆乙女交歓会をきっかけに、同年六月には長崎原爆乙女の会が結成され、原爆被害者の動きが長崎でも活発化しました。五五年から翌年にかけて、原爆被害者の運動が高まるのは広島も長崎も一緒で、平一もしばしば長崎に足を運んでいました。

長崎でも広島と同じく原爆被害者は追いつめられ、ひっそりと生きていました。後に山口仙二は著書で原爆被害者としての苦しみを書いていますが、それは広島の被害者と共通する点ばかりでした。たとえば当時は、自宅に風呂がなくて風呂屋に行くことは当たり前でした。これは原爆被害者にとって、どんな意味を持ったでしょうか。健康なつやつやした肌を持つ人の前で、ケロイドを持った体をさらさなければなりません。そのときの苦しみは、被害者以外にはわからないでしょう。それゆえに原爆被害者専用の浴場を作ってほしいという要求が出されていたほどでした。

就職や結婚という人生の節目で、長崎の原爆被害者も追いつめられていました。健康を回復できず、医療費がかさむことも悩みの種でした。就職の機会を逃したり、結婚を断られたりする人も多くいました。それらの試練と苦しみの果てに自殺する原爆被害者もいました。しかし、その一方で、被害者どうしのつながりをつくり、国に対して償いを求めようという動きが長崎でも強まってきます。

山口仙二は、その中心にいた一人です。爆心地から一・一キロで被爆したとき、山口は一四歳でした。三日目に危篤《きとく》になりましたが、何とか生き延びたのでした。

この一九五六年当時の山口は、家業のまんじゅう屋の仕事をしていました。山口はかつて治療費を国が補償することを求めて、たった一人で長崎から東京の国会に乗り込んだことがありました。だがその結果はむなしいものでした。山口をそこまでかりたてたのは、原爆被害者としてのやり場のない怒りです。そして山口の身体には被爆の衝撃がケロイドのみならず、失われた嗅覚《きゅうかく》、複合的な全身症状などとして、たえず進行形で存在していました。

その後、最初の原水爆禁止世界大会が開かれた直後に、山口みさ子と辻幸江《つじゆきえ》が山口仙二を訪ねて、長野で原水爆反対集会に参加するよう頼んだので、仙二は長野県内の集会に参加することにしました。長野県内一三カ所の会場で三万人もの人びとが、仙二らの話に聞き入りました。その直後に、山口仙二は自宅を事務所にして、長崎原爆青年の会の活動を始めます。大学病院で出会った原爆被害者の青年が集まって、お互いのことを語りあうようになりました。

長崎原爆青年の会は一九五六年五月三日、長崎原爆乙女の会と一つになって長崎原爆青年乙女の会が結成されました。

長崎で原爆被害者が一つになろうという動きは、杉本亀吉《すぎもとかめきち》が呼びかけて一九五五年から始まっています。これが長崎原爆被災者協議会（長崎被災協）の結成として実現したのは五六年六月二三日、「あらたな戦争を防ぎとめる為にあらゆる党派や立場、社会体制の相違を超えて結びあう」ことが掲げられました。よびかけ人は、杉本亀吉、小佐々八郎、山口仙二らでした。この結成には、民生委員が重要な役割を果たしました。多くの原爆被害者が生活する地域で、民生委員や町内会長が被災者協議会結成を呼びかけるチラシを配ったのです。

広島でも原爆被害者を結集する組織がほぼ同時期にスタートしています。一九五六年五月二七日に広島県原爆被害者団体協議会（広島県被団協）が結成されたのです。井上昇、日野義隆とともに平一は代表委員になり、同時に事務局長にも就任します。広島県被団協の結成に際して、全国被害者大会の開催と日本原水爆被害者連合（仮称）の設立が話し合われました。

こうして広島県被団協、長崎被災協が誕生したことは、原爆被害者が全国的に大きく結集していくうえで重要な節目になりました。

ただ、原爆が投下されたのは広島と長崎という二つの都市ですが、被爆した人は国内だけでも北は北海道から南は米国の施政権下にある沖縄まで全国に散らばっていました。したがって広島と長崎だけで物事を決められません。まずは広島と長崎、そして原爆被害者の組織化が進んでいる長野、愛媛の二県も含めて四県で被害者連合をつくり、各県の原爆被害者に組織化を呼びかけていったのです。この年、五六年の八月に長崎で第二回原水爆禁止世界大会が開かれることが決定したので、そこで全国の原爆被害者の組織をスタートさせることにしました。

長崎の世界大会で原爆被害者は訴える

第二回原水爆禁止世界大会は一九五六年八月九日から三日間、長崎で開催することが決まりました。しかし最終決定するまでは、たいへんな困難がありました。当初は二年続けて広島での開催を求める声があり、東京、長崎を開催地とする声も出て、長崎が第一候補地になったのです。しかし、三〇〇〇人を収容する会場がないから長崎では不可能だということで、一度は東京に決定。それに対して広島、長崎からどうしても長崎で開催すべきだという強い声をあげて、やっと長崎に決定できたのです。

平一はこの一件に大いにかかわりました。長崎在住の小佐々八郎や小林ヒロが強く訴えた長崎開催案を、平一も最後まで強く主張し続けました。大柄で声もよく通る平一が、何が何でも長崎で開くべきだと訴えたことは、強力な援軍でした。「長崎と広島が、車の両輪のようにならなきゃならんという基本的な考え方」を平一たち広島の原爆被害者は持っていたのでした。

さて、八月九日の世界大会初日を迎えました。当時は現在のように冷房がない時代です。少しでも暑さを避けるために、会場の長崎東高校体育館には氷柱が何本も立てられました。会場は満杯で場外にも人があふれていました。

その全体会の会場に体格のよい男性が若い女性をだきかかえて入ってきました。その男性は平一です。抱きかかえられた若い女性は渡辺千恵子でした。

映画「生きていてよかった」に出演したことは、自宅にこもっていた渡辺千恵子にとって転機となりました。原爆青年乙女の会の外からも、千恵子と語ろうという人が増えてきました。この年の世界大会で原爆被害者代表として発言するのはその流れから自然なことでした。

この日、下半身不随で歩くことができない千恵子が会場前で車を降りて、講堂で着席するまでの短くない距離を抱きかかえていくのは女性では無理でした。そこで、千恵子と旧知である平一が抱きかかえて運んだのです。

やがて千恵子の発言の順番になると、今度は千恵子の母が彼女を抱きかかえました。

千恵子は訴えました。

「私のこのみじめな姿をみてください。私の口から多く語らなくても、この姿で原爆の恐ろしさはおわかりのことと思います。……何でこんなに苦しまなければならないのか。私は何度死のうと思ったかしれません。十年間、全くかえりみられなかった私たち被爆者は昨年の広島大会を機会にはじめて生きる希望が持てるようになりました。……世界のみなさん、どうかみんなの力で原水爆をやめさせてください。私たちが生きていてよかったと思える日が一日も早く来ることを願います」

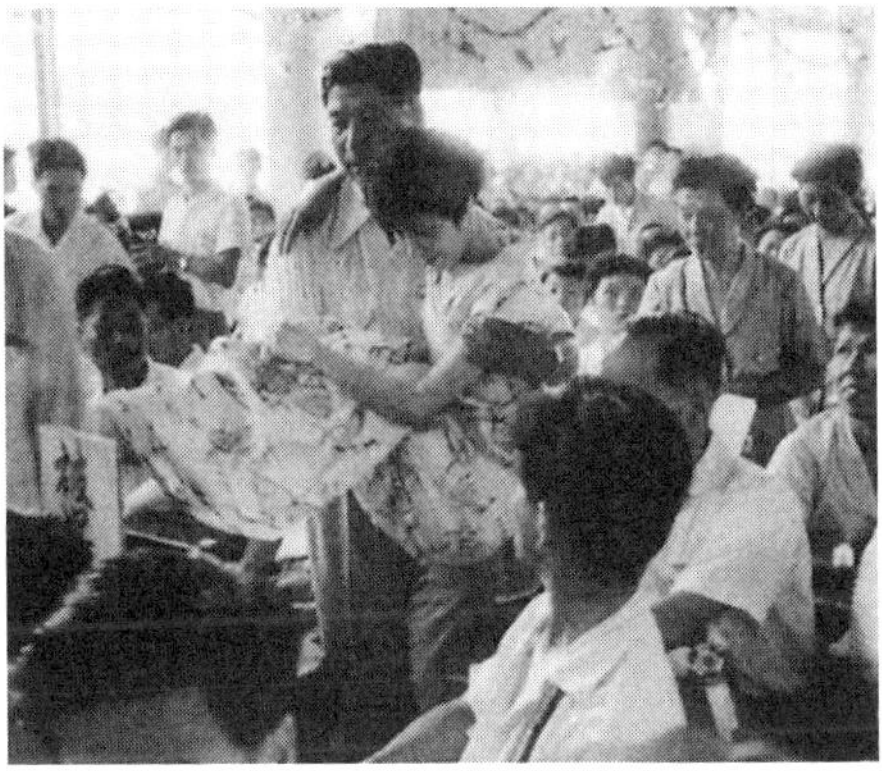

長崎での第2回原水爆禁止世界大会で渡辺千恵子を抱きかかえる平一（1956年8月9日）

満場から嵐のような拍手がわきおこりました。

続いて、広島の原爆被害者を代表して村戸由子がマイクに向きあいました。由子もこの一〇年間、生きることが苦しかったこと、何度自分で命を絶とうとしたか、肉親や友人の激励を受け、どうにか生きてきたという思いを語りました。

そして続いて由子は「今日の朝刊に私たちと仲のよい山口仙二君の恋人Sさんが、結ばれることができず命を絶ったと報道されました」と語りました。

「十年経っても私たちの命は脅かされているのです。

私たちはこの運動に命を賭けています。私たちが生きなければだれがこの運動の先頭に立てるでしょう」。由子に対しても、万雷《ばんらい》の拍手が鳴りやみませんでした。

第二回原水爆禁止世界大会でも、長崎と広島の原爆被害者が一〇年間の苦しかった胸の内をさらけ出し、原水爆を許さないと訴えたことは、参加者の感動を最高潮に高めたのでした。

この大会ではもう一人、満場の熱い注目を集めた発言者がいました。沖縄の瀬長亀次郎です。瀬長は米軍のむき出しの暴力が支配する沖縄で敢然と抵抗して、この年の秋に那覇市長に当選する著名な政治家でした。広島・長崎の原爆被害者の話も、悲惨な地上戦をくぐり抜けた沖縄が米軍支配下で基地問題に苦しんでいることも、戦争の悲劇が過ぎ去った過去のことではなく現在進行形であることを参加者に実感させたのです。

この第二回世界大会には海外から一二カ国の代表団が参加して大会で発言をしました。なかでも中国とソ連は原爆被害者への巨額の救援金を提供しました。また国内から参加した宗教関係者が懇談会を持ったことも注目されました。

日本被団協が誕生する

実はこの大会にはもう一つの重要な役割がありました。日本原水爆被害者団体協議会（日本被団協）の結成でした。八月九日、第二回原水爆禁止世界大会の第四分科会（原水爆被害の実相と被爆者救援について）が終了した後に、原爆被害者の全国的結集がおこなわれました。

広島の安芸郡矢野町《やのちょう》婦人会長である伊藤サカエは、平一から指示を受け、全国の原爆被害者に会場の地下ホールに集まるようにメガホンで必死に叫びました。伊藤は書いています。

「会場の暗い地下道を通ってやせた人たちが集まって来ました。あの焦土と化した中で、肉親を失い家もなくなり全国へ散って行った人たちのその後の心細さを察し合った私たちは、他人であるのに肉親に会った思いで抱き合って泣きました。どんなにか心細かっただろうに、どんなにか苦しい思いをされただろうと涙が止まりませんでした」

伊藤サカエは建物疎開中に被爆しました。戦後、映画「きけ、わだつみの声」を見て、戦争を止められなかったことを深く悔やみました。その後、朝鮮戦争当時に戦争反対、原爆はやめろと発言して、警察に自宅に踏み込まれるという経験を持っていました。被爆、被爆後の一一年のなかで、何が伊藤の胸中をよぎったでしょう。

地下ホールの会場には群馬県の青年教師である須藤叔彦《すどうとしひこ》がいました。須藤は長崎で被爆し、母、二人の妹、祖母を亡くしました。亡くなった四人を須藤は父とともに荼毘《だび》にふしましたが、その父も一年半後に原爆症で逝去したので須藤は家族全員を原爆で失い、一人ぼっちでした。親戚を頼って各地を転居し後に教師になった須藤は、原爆被害者が集う原水爆禁止世界大会にぜひとも出席したいと願って参加し、大会では渡辺千恵子らの発言に深く感激しました。

須藤の証言では、原爆被害者の全国組織がこの大会で結成されることは、事前に広く知らされていなかったそうです。この機会を逃せば、各地の原爆被害者が引き続き孤立したままになってしまうと、須藤はあせりを感じていました。それだけに、日本被団協の結成大会が開かれることを直前に聞いて、須藤はほっとしたそうです。実は、群馬ではこの前年の一二月に群馬県原爆被災者の会がスタートしていました。全国でもきわめて早い時期に誕生したこの組織は、群馬原水協の早川牧師と一緒に奔走した須藤の努力で結成されたのでした。

伊藤サカエと須藤叔彦がそうであるように、原爆被害者一人ひとりにはこの記念すべき日本被団協の結成大会を迎えるまでに、それぞれの歴史がありました。会場を埋めた原爆被害者の脳裏を去来したものは何でしょうか。

この日の設立総会には、山高しげり（全国地域婦人団体連絡協議会会長）や半田孝海（善光寺大僧正）そして外国人も来賓として参加しました。会場の地下ホールには、大会のスローガンとして「原水爆禁止運動の促進」「原水爆犠牲者の国家補償」「被害者の治療・自立更生」「遺家族の生活補償」「原水爆被害に因《よ》る国民生活の安定保証」が掲げられました。

設立された日本被団協の代表委員には、広島から鈴川貫一、森瀧市郎、藤居平一、長崎から小佐々八郎、辻本与吉《つじもとよきち》が選出され、平一が事務局長を務めることになりました。

大会は、森瀧が執筆した「日本原水爆被害者団体協議会結成大会宣言　世界への挨拶」を採択しました。そこには次のような文章が記されていました。

「私たちは今日の集まりで亡き人々をしのび、又長い年月のかぎりない思いを互いに語り合いました。しかし、私たちの胸につもったかなしみと怒り、悩みと苦しみについてのつきることもない語り合いは、決してひとときのなぐさめや、きやすめのためではありませんでした。手をつないで決然と立ち上がるためにほかなりませんでした。世界に訴うべきは訴え、国家に求むべきは求め、自ら立ち上がり、たがいに相救う道を講ずるためでありました。かくて私たちは自らを救うとともに、私たちの体験をとおして人類の危機を救おうという決意を誓い合ったのであります。」

原爆被害者は、前年の初めての原水爆禁止世界大会で多くの励ましを受けました。ただ、原爆被害者は社会からのあたたかなまなざしを求めただけではありません。自らが毅然として起ち上がったということがうかがわれます。

当面の目標として掲げられたことは次のようなことです。
一、原水爆とその実験を禁止する国際協定を結ばせよう。このため、われわれは先頭に立って原水爆被害の実相を訴え、全国、全世界の国民と共に禁止運動を強めよう。
二、被害者の医療と生活を守るため、「原水爆被害者援護法」および「原水爆被害者健康管理制度」をつくらせよう。このため全国民的な世論をおこすとともに各地域、各党派の議員に要請して国会でとりあげさせよう。
三、被害者の自立更生のため、職業の補導とあっせん、および生業資金、奨学資金を優先的に貸与させよう。このため直接政府へ訴えると共に、まず各自治体でとりあげさせよう。
四、原子症の根本治療を実現するため、世界の各国の協力で「国際放射線医学研究機関」をつくらせよう。このため直接世界に呼びかけると共に、政府、学術会議に推進してもらおう。
五、被害者組織を強化して団結をつよめよう。このためどんな地域でも、被害者のいる処には必ず組織をつくり、この協議会に参加させよう。
以上の目標の意味についてふれておきましょう。

一は、原爆被害者が自ら原爆とは何であったかを世界に向けて訴えていくことが強調されています。ビキニ水爆実験のように、世界に原水爆実験が広がっていくなかで、世界の人びととともに原水爆禁止を求めようという考えでした。

二の「原水爆被害者援護法」は三月に、広島県の原爆被害者大会で骨格が示されていました。後に「原爆被害者援護法」として日本被団協が四〇年近くもの間、制定を求め続けていく法律の大切な出発点でした。

三は、原爆被害者が自立的に生きていくことを大事に考えていました。そのためには政府だけではなく自治体の役割も重要でした。

四は、根治療法を求める要求で、時代にさきがけた目標でした。

五は、全国の原爆被害者がその後必死で頑張り続けたことです。

このように一から五までをみると、原爆被害者が長きにわたってその後求めていったことがらが日本被団協誕生のときにすでに問題提起されていることがわかります。そして原爆被害者の運動とは決して日本人だけを対象にしたわけではなく、世界の原爆被害者と手を携えようとしていた姿勢を読みとることができます。

ここで日本被団協の示した方向性は、これまでの数年間、平一の考えていたこととぴったり一致しています。平一はきわめて重要な役割を果たしたのです。

なお「大会宣言　世界への挨拶」に、「新しい原子力時代」という規定や「破壊と死滅の方向に行くおそれのある原子力を決定的に人類の幸福と繁栄との方向に向わせる」という表現があることに注目したいと思います。当時は、原子力の平和利用（原子力発電所等）が未来をさし示すというキャンペーンが全国で強められていました。執筆者の森瀧が、原子力の平和利用そのものを厳しく批判していくまでに、まだ少しの時間が必要でした。

さて日本被団協が結成され、第二回原水爆禁止世界大会は終了しました。大会が終了した直後の、一つのエピソードが残されています。帰路につく各県代表団が乗車した白鳩号が長崎駅を発車しようとしたとき、長崎原爆青年乙女の会のメンバーは全国からの参加者と別れがたく、列車に乗り込んでしまいました。長崎の若者たちは、各車両を回って御礼の挨拶をしました。割れるような拍手が長崎の若者たちに寄せられました。広島の代表団の乗車した車両では、「原爆を許すまじ」の歌声のなかで、長崎と広島の若者たちが固い握手をかわしました。

高揚した大会の後で

世界大会から一カ月が経過した時点で刊行された『ながさき』第9号（発行・長崎原爆青年乙女の会）には、長崎原爆青年乙女の会の会員たちが原水爆禁止世界大会をふりかえって、感想文を寄せています。

戸高喜代子《とだかきよこ》は「この十一年間暗い片すみに居た私達は一度に世の中の明るい光の中に出た様な気持になりました」と書いています。辻幸江は白鳩号に乗り込んでしまって各車両を回ったときにひたひたと胸に迫ってきた気持ちを表現しています。山口仙二は、四日前に自分を見舞ってくれた恋人が自殺してしまったことの驚きと悲しみについてふれています。

一カ月前の大会に感動した原爆被害者が、一カ月前とは比較にならない静けさのなかで、若者として何かを見つけようという姿勢がそれぞれの文章に表現されています。

永田尚子《ながたひさこ》は率直に書いています。「ミシンや編物の音の中に青春を埋もれさしている私達が、世界大会も結構、けどお祭りさわぎは止《よ》してください、といいたくなるのも無理はない」（長崎では、原爆被害者の女性がミシンを購入して、共同で仕事をしていました）。永田はそれに続けて、私たちが心の底から語り合えるようにならなければと文章を結んでいますが、前段の文章には原爆被害者が胸中に秘めている真情の一端が示されているように思います。

原水爆禁止世界大会は、全国からの参加者にとって原爆被害者の声を聴くという一点だけでも有意義であったことはたしかです。それはこの一九五六年の大会にとどまらず、現在まで続いている原水爆禁止世界大会でも同じことです。

しかし広島と長崎の人びとにとっては、原爆が投下された八月六日と八月九日は、歳月は流れても、一瞬にして亡くなった人、苦しみながら亡くなった人をしのんで、人びとが深く悲しみに沈んでいる日なのです。このことは私たちが、しっかりと認識しておきたい点です。

実は、長崎原爆青年乙女の会はこの年の世界大会にあわせて『もういやだ——原爆の生きている証人たち』という証言集を刊行していました。この本に収められた三七人の手記は、原爆によって傷つけられた心と身体の苦しみを描き出しています。

同書において、永田尚子は「心の中のうたごえ」という印象的な一篇を記しています。顔面にケロイドを持つ原爆乙女が少なくないなかで、永田は顔に傷もなく、美しく利発な娘でした。ただ、「あんたはいい、傷がないから」と周囲から言われてしまうのが永田にとってとても複雑なことでした。なぜなら、自らも原爆の熱線のために呼吸器が附着してしまったので、気管切開をしてカニューレ（管《くだ》状の医療器具）を喉《のど》に装着せざるをえないこと、これがないと呼吸もできず、好きだった歌もまるで歌えなくなってしまった苦しみを綴っています。同時に「人並みなことがしたい」「結婚だってできれば」と思う自己と、それは困難ではないかと悩む自己との葛藤がみずみずしく記されています。

『もういやだ』は、被爆から一一年たった時点での長崎の若き原爆被害者たちが心のなかの叫びを記した本として存在感を持っています。そして、長崎原爆青年乙女の会の会員たちはその後も会員どうしの交流を強め、原爆被害者として訴えを続けていきます。

第八章　「まどうてくれ」という叫びとともに

日本被団協初代事務局長として

日本被団協が産声《うぶごえ》を上げてから三週間後の一九五六（昭和三一）年八月三〇日、藤居平一は日本被団協事務局長として次のような連絡文書を送っています。

「拝啓、蝉《せみ》、ひぐらしの声、ようやく秋の訪れを告げるころとなりました。

思えば原爆投下以来十一年、相つどうべくして会えず、共に語ろうとしてその機会を得なかったものどうしが、やっと長崎で会えて、父、母、兄、弟、姉、妹とも思える人と会い語る機会を得、その上、全国組織を作ることができました。これも原水爆禁止を願う人々の温かい友情のたまものと思います。たとえ短い期間で語る時間がなくとも、同じ星のもとに結ばれたものが、原水爆禁止、原爆被害者援護法、国際放射線医学研究機関、被害者組織強化という共通の目標の中ではげまし合い、扶《たす》け合うつながりの中で一歩でも『生きていてよかった』と思い続けられるように努力して行きたいと思います。」

事務的な響きがなく、心にしみとおっていく文章です。全国の原爆被害者に対する思い、自らも父と妹を亡くした者としての思いがこめられています。そして、日本被団協という組織には、これまで孤立してきた被害者が手を取り合う場でありたいという平一の願いがたくされていたのです。

この時期、平一は原爆被害者の願いを実現するために奔走していました。すでに一年前の一九五五年一一月、平一の働きかけによって全国社会福祉協議会大会の場で、①原爆障害者の治療費全額国庫負担、②原爆被爆生存者の健康管理実施、③原爆被害の調査、研究、治療機関の設置、④原爆犠牲者に対する年金制度の制定と救済措置の要求を決議していました。

この年、五六年に入ってからも、全国社会福祉協議会で原爆被害者特別小委員会が開催され、厚生省（当時）からの出席もあるなかで、原爆被害者救援の具体策が議論されていました。一〇月の原水爆禁止全国市議会議長会議（四五年八月九日の原爆投下予定地とされていた小倉で開催）にも、安井郁・日本原水協事務総長と平一が大会顧問として出席しています。

平一は充実した日々を過ごしていましたが、すべてが順風満帆《じゅんぷうまんぱん》だったわけではありません。

広島県被団協の総会で初代事務局長として挨拶する平一（1956 年 5 月 27 日）

日本被団協結成大会は 1956 年 8 月 10 日に長崎で開催された。
壇上は山高しげり地婦連会長

たとえば、広島のごく一部には平一の活躍に反発する人もいました。また平一たちの努力を政府にさからう運動のように、ゆがめてとらえる人もいました。しかし、平一はそのような非難に負けるわけにはいきませんでした。

平一たちが原爆被害者の願いを実現していくうえでは、「なぜ、どのような救援が必要なのか」を理屈のうえできちんと説明することが必要でした。

こう書くと、原爆被害者は傷つけられ、苦しんできたのだから、無条件に支えられ救援されるのが当然だと思う人もいるでしょう。

しかし、原水爆被害者援護法の制定が実現され、原爆被害者への補償が実現されるならば、国の予算からお金を出すことになります。被害者を助けたいという感情だけでは、政府や大蔵省（当時）の役人を説得することはできません。それゆえ「なぜ、どのような救援が求められているのか」を何度も検討して自分たちの主張をまとめることが必要だったのです。

ちなみに、この時点において戦争の被害に対して補償を受けられたのは、軍人・軍属だけでした。その第一弾は、戦傷病者戦没者遺族等援護法で、一九五二年に施行されました。国家補償によって、戦傷病者、戦没者遺族への年金と弔慰金の支給が行われることになったのです。五三年には軍人恩給の復活がはかられます。その一方で、空襲被災者や原爆被害者は置きざりにされていました。

原水爆被害者援護法の制定をめざす平一は、毎日のように多くの専門家の知恵を借りました。とりわけ庄野直美（当時は広島女学院大学助教授）と、密度の濃い議論をくり返しました。五六年以降には、しばしば庄野が平一宅に泊まりこんで、原爆被害者としての要求をいかに実現していくかについて夜中まで相談しあいました。

日本被団協の事務局長として、平一がどっしりと広島に腰を落ち着けていることはできません。毎月何度も東京まで出かけて被団協関係者、政府関係者、早稲田大学の教授たちと相談を続けました。長崎にもたびたび出張しました。そして広島に戻っては、庄野たちとさらに議論しあうことが続きました。庄野だけではなく、この時期の平一宅には、頻繁に泊まりがけのお客さんが続いていました。長崎はじめ各地の原爆被害者もいました。平一と美枝子は部屋を快く提供して、懸命にお世話したのでした。それだけに家族だけでの団欒《だんらん》は、機会がごく限られていました。

平一は、大学の研究者が持つ専門性に高い信頼を置いていました。それゆえ広島の科学者に原爆被害の総合的研究をしてほしいと要請しました。これによって、広島原爆障害研究会が佐久間澄（広島大学）、広藤道男《ひろふじみちお》（広島記念病院医師）、庄野直美らによってスタートしました。

そこで中心的に議論されたのは、被曝線量という問題、すなわち残留放射能がどれだけ人体に蓄積されているかという問題です。

平一は科学者を強く信頼しつつも、科学者まかせにするという態度をとりませんでした。原爆が人体に与えた影響を調べるために自らも努力したのです。原爆被害者と被害者でない人の遺骨を比較することが必要なので、火葬場にまで行って骨を集めて専門家に鑑定してもらいました。娘たちの記憶では、自宅の床の間には遺骨箱が一〇箱も並べられて、とくに夜は薄気味悪かったということです。

こうして日本被団協は、平一が広藤医師らの助言と協力をあおぎながら、後に原爆被害者として死去した人の遺骨を東京大学医学部化学教室に送って、骨髄中の放射能測定を依頼しました。結果は、予想どおり放射性物質が高い値で検出されました。

このように平一たち、原爆被害者の組織である日本被団協が専門家たちの力を借りて、原爆被害を科学的に調査することにとりくんでいったのです。

「まどうてくれ」という訴えを実現するために

平一たちが、原爆被害者の運動を進めていくうえでもっとも心にひびくことばは「まどうてくれ」（償ってくれ、元に戻してくれ）でした。原爆で殺された家族や友人を返してほしい、原爆で傷つけられた身体と心を元にもどしてほしいという血を吐くような訴えでした。何よりも被害者のために、根治療法を見つけてほしいと訴えてきました。

これを訴える相手としては、原爆を投下したアメリカの責任を追及するのが当然でした。しかし、サンフランシスコ講和条約によって、日本はアメリカに対する賠償請求権を放棄していました。アメリカ政府は戦争を終結させるために原爆投下が必要であったという立場をとり続けていました。したがって、原爆被害者がアメリカの責任を追及しても、まったく無視されることは明らかだったのです(ただ岡本尚一弁護士が代理人として一九五五年に提起した日本政府に損害賠償を求める訴訟［原爆裁判］では、一九六三年の東京地裁での判決文にてアメリカの原爆投下を国際法違反であると述べています)。

原爆被害者が訴える相手として、現実的であり、責任の所在がより明確であるのは日本政府でした。国家の始めた戦争で奪われたものを償ってもらう。原爆被害者の運動は、国に償いを求める「国家補償」という考えを前面に押し出していくのです。

広島では一九四五年の暮れまでに約一四万人もの人びとが亡くなりました。生き残った人びとも癒されることのない苦しみを抱えて生きてきました。「まどうてくれ」とは数えきれない死没者に代わって、傷つきながら生きてきた人たちがぎりぎりの思いで発することばです。生き残った原爆被害者にとって当然の思いでした。

全国の原爆被害者の運動は盛り上がっていました。そのエネルギーを受けとめて、「まどうてくれ」という主張をどう実現していくか。平一の立場は明確でした。初めての国会請願で、「国家の愛の政治」という表現を使ったように、政治の力がなければ原爆被害者の願いが実現できないと平一は確信していました。

そのために要となるのは、霞ヶ関《かすみがせき》の官僚です。現実の日本政治を動かすのは、総理大臣や政権党や国会議員だけではありません。予算を作成し、それを実際に使う権限を持つ霞ヶ関の官僚が鍵をにぎっていることを平一はよくわかっていました。

幸いにも中学の一年後輩である村上孝太郎が大蔵官僚（主計局《しゅけいきょく》総務課長）として霞ヶ関に勤務していました。そもそも村上と平一との縁は、山口県室積での臨海学校で平一が村上に水泳を指導したときから始まっています。それだけに村上は平一の頼みを快く受け入れ、平一が東京に行けばいつもよい知恵を授けてくれました。平一は原爆被害者の願いがどれほど切実であるかをいつも村上に話し続けました。先輩の熱い思いを、村上はひしひしと感じることになりました。この平一と村上の密接な関係が、後にとても重要な意味を持つことになります。

「情」と「理」を大事にする

それにつけても、科学者の知恵を大々的に借り、霞ヶ関の官僚に知恵を求めるなど、平一が努力を傾けたことは何を意味しているのでしょうか。そのことを少し別の角度から考えてみたいと思います。

それは平一が、「情《じょう》」と「理《り》」について、その違いをわきまえ、どちらも大切にしていたからだと思います。

平一はとても豊かな感情表現をする人で、情に厚い人でした。本章の冒頭で引用した「連絡文書」にも平一の感性が浮き彫りにされています。また、原爆被害者を前にして、心にしみわたる励ましのことばをかけ、ともに起ち上がろうと訴えてきました。

しかし一方で、平一は人間にとって理念や理屈が大事であることもよくわかっていました。とりわけ原爆被害者の救援という課題は政府にとっては難問であり、科学的な裏づけがなければ、政治家や官僚が動いてくれないことを理解していたのです。

「まどうてくれ」という心からの訴えを実現するために、情感豊かなことばと的確な論理で相手を説得していくのだと、平一は心に決めていました。

それを理解できたのは、平一の能力の高さでした。同時に多くの人たちのアドバイスに平一が耳を傾けたことで可能になりました。年下の庄野直美は平一がもっとも頼りにした研究者でした。庄野のみならず広島には多くの研究者がいました。石井金一郎《いしいきんいちろう》、今堀誠二《いまほりせいじ》、佐久間澄ら、広島大学などには有力な知恵袋が何人もいて、平一は日常的に助言を求めるようにしていました。そして母校の広島高等師範学校附属中学の豊かな人脈、早稲田大学の教授陣からの薫《くん》陶《とう》、これらの人が平一を支えてくれました。

当時、平一はどんな一日を過ごしていたでしょうか。事務局長のもっとも大事な役割は、組織を動かすことです。毎日多くの人と会い、会議に出席し、この先の方針を決めなければなりません。各地からの要請にもこたえ、お金をどう使うか、人をいかに動かしていくかがとても大切です。空いた時間をみつけて、必死に勉強もしなければなりません。今日の新聞を読んでいません、世界のニュースはわかりませんでは、絶対に務まらない仕事なのです。

この仕事の醍醐味《だいごみ》は、全国でどれだけ運動が盛り上がっているかを肌身で感じとれるということです。大海原《おおうなばら》のヨットが、帆に一杯の風を受けて進むように、日本被団協に寄せられた期待を平一は全身で感じていました。「組織なくして運動なし」という平一の考えは正しかったのです。そして全国各地に運動が存在することによって、はじめて組織がいきいきすることもまたたしかなことでした。

日本被団協のような市民運動において、平一のような事務局長はきわめて重要な役割です。ただ、事務局長一人がすべてを担うことはできません。全国で地道に運動を進める原爆被害者の努力によって、運動は全国に広がっていったのです。このことを念のために強調しておきましょう。

平一のつちかってきた「情」と「理」を兼ねそなえたバランス感覚、そして豊かな人脈は、原爆医療法の制定に向けて、大きな意味を持っていきます。

原爆医療法が制定されるまで

ビキニ事件後に原水爆禁止を求める世論の声が高まると、政府は原爆被害者の救済のためにそれ以前よりも積極的に予算を出すようになっていました。

たとえば一九五三年一一月には原爆症調査研究協議会の事業費一〇〇万円を支出していますが、五四年九月三〇日には五四年度予算の予備費から、三五二万二〇〇〇円が原爆傷害調査研究事業委託費として支出されています。五六年度予算では原爆傷害者治療費が二五六八万二〇〇〇円になりました。

日本被団協が結成される前から、広島市・長崎市、広島原爆障害者治療対策協議会（広島原《げん》対協《たいきょう》）などが中心になって、原爆被害者援護を求める陳情や請願などもおこなわれていました。広島原対協は、原爆症の研究と治療に当たってきました。昭和二〇年代後半から原爆被害者への対策を求めて、動き出していたのです。

日本被団協が結成される前にも、原爆被害者を救援しようという動きが存在していたことはとても重要です。それらの動きが、原水爆禁止運動の盛り上がりや原爆被害者による訴えとも合流して、戦後一〇年近く放置されていた原爆被害者への予算の支出が始まったのです。

このような流れをさらに強めようと、原爆被害者援護法制定への動きが強まっていきます。最初は五五年一一月に平一がかかわっていた全国社会福祉協議会の大会で、年金制度を含む援護法の制定要求が決議されたことは先にふれました。

五六年に入ると、五月に日本弁護士連合会総会で被爆者援護法制定要求が決議されています。また日本社会党は五六年八月一〇日の政策審議会で、原爆被害者の治療費と生活費を国庫負担とする法案を議員立法として提出することを決定しています。これは広島と長崎で原爆に被災した人びと、ビキニ環礁などの原水爆実験で被害を受けた人びとを救済することを意図していました。また八月二〇日には日本社会党の山下義信《やましたよしのぶ》参議院議員が原爆症患者援護法案要綱（社会党私案）を発表しました。秋以降も、多くの共通する提案が各団体で出されていきます。

結成したばかりの日本被団協は、自らのもっとも重要な要求について敏速に対応することが求められていました。九月上旬には、原爆被害者援護法案要綱（日本被団協案）を作成しました。この被団協案では原爆被害者をいかに定義したかが、とても大事な点です。

「原爆被害者とは、原爆障害者及び原爆死没者ならびにそれ等の者の同一世帯員（主として当該障害者又は死没者の収入によって生計を維持し、又はその者と生計を共にした者、若《も》しくはしている者）をいう」

原爆被害者についてのこの定義は、社会党案とも大きく違っています。これまでのどの案よりも広いとらえ方でした。そもそも法案の名称が社会党案では「原爆症患者」に限定されていますが、被団協案では「原爆障害者及び原爆死没者ならびにそれ等の者の同一世帯員」まで含み込んで、もっと広範囲の人たちを救済しようとしていました。

また被団協に続いて、広島・長崎両市でも援護法要綱案の内容が固められました。

こうして援護法制定への動きが高まってきたのに対して、政府は一九五七年二月二一日「原子爆弾被爆者の医療等に関する法律案」を国会に提出しました。これがいわゆる原爆医療法で内容は以下のようなものでした。

○被爆者に被爆者健康手帳を交付する。

○国費で年二回の健康診断をおこない、その結果、異常があれば精密検査を受けられる。

○原子爆弾の影響に起因する身体的疾病《しっぺい》に対し、厚生大臣が認める認定患者には、その疾病について、指定医療機関において全額国庫負担で治療をおこなう。

法案は三月三一日に参議院で可決されて、法律になることになりました。

平一は、法案可決直後に中国新聞紙上で次のように述べています。

「大変いい法律。むずかしかった法律を十年後の今日施行してもらったのは大変うれしい。しかし被害者の問題はあらゆる法律が完備し適用されないと解決しない。医学的に根本治療法がないのだから、あらゆる方法を講じて早期治療をしないといけない。健康保険法には六割の休業手当がある。こういった生活保障、旅費では身体障害者福祉法のような恩典、また結核では栄養費として月七百二十五円であるが、こういう面でも考えてほしい。もっともむずかしい病気だから総合施策が望まれる。」

実はこの原爆医療法の実現にむけて、平一自身が当事者になって全力でとりくんだのでした。したがって平一の談話には喜びが前面に出ています。

しかし、平一の周囲ではこの法律に賛成しなかった人がいました。近所に住む民生委員の中《なか》光《みつ》マサ子はその一人でした。

「藤居さん、あんた医療法ができていい気になっているんじゃないか」

中光の口調は少しきびしいものでした。

「中光さん、あんたは『まどうてくれ』と言いたいのだろう」

平一の問いかけに対して、中光はうなずきました。

原爆医療法を実現させた人たち

原爆医療法の制定に、平一が貢献したことは、宇吹暁《うぶきさとる》、舟橋喜恵《ふなはしよしえ》の聞き取りによって明らかになっています。後輩である村上孝太郎、平一の早稲田大学時代からの恩師である末高信《すえたかまこと》教授とのチームワークは原爆医療法制定に際して極めて重要な役割を果たしました。もちろん一つの法律が制定される過程にはさまざまな動きがあり、そのすべてが解明されているわけではありません。社会党案を提案した山下義信議員が水面下で大きな役割を果たしたという研究も存在していることを付記しておきたいと思います。

そもそも平一たちが願ったのは、国家補償の精神に裏づけられた原爆被害者援護法でした。だが全国から強く要請してきたものの、実現には厚い壁が横たわっていました。政府がそれを受け入れる可能性がゼロであることは、大蔵省の村上に確認しても明らかだったのです。そこで、一歩ずつでも原爆被害者の願いを実現する道を見つけたい。平一たちはそう考えました。

どうすれば原爆被害者を救えるのか、平一は村上に何度も知恵を求めました。村上も平一たちの熱意はわかりますが、日本被団協の願いをすぐに受け入れることはできません。大蔵省としては、生活に困った人たちを助けるために生活保護法が存在しているので、この法律の枠のなかで要望してほしいという考えだったのです。

それでもあきらめられない平一は、さらに村上に迫りました。あるとき、村上は「生活保護法の延長上で考えてみてください」と知恵を授けてくれました。「生活保護法の『延長上』とはどういうことか……」と疑問に思った平一がその話を末高教授に伝えると、「生活保護法に除外例がないか探してみなさい」とアドバイスしてくれました。この場合の除外例とは、生活保護法とは別のかたちで特定の人たちにお金を支給している例のことです。大蔵省の立場では、生活保護法以外に、お金を支給することはそもそも認められないはずでした。ところが除外例という「例外」があるというのです。平一がさらに社会保障の関係者に知恵を借りると、結核患者、ハンセン病患者には除外例がもうけられ、栄養費としてお金を支給することが求められていたことがわかりました。

平一はすぐに村上孝太郎にかけあいました。

「結核患者やハンセン病患者には認められていて、なぜ被爆者には認められないんじゃ」

平一の鬼気《きき》迫る形相《ぎょうそう》に、村上も心を動かされました。

「認めましょう。予算をつけましょう」

この村上の一言で流れが決まりました。原爆医療法が実現に向けて動き出したのです。ただ、栄養費などは実際の法案には盛り込まれませんでした。

原爆医療法が可決した後に、村上は笑みを浮かべながら平一に語りかけました。

「国会議員と私とでは、どちらが頼りになったですか」
「そりゃ、あんたの方が頼りになるけえ」
平一も破顔一笑《はがんいっしょう》して、答えました。

原爆医療法をどう評価するか

原爆医療法は、被爆者が初めて勝ちとった法律です。しかし、同法の評価がむずかしいのは、平一たち日本被団協が要求していた原爆被害者援護法とはかけ離れていた内容だからです。日本被団協の考えでは原爆被害者とは死没者（原爆で亡くなった人）を含んでいました。しかし国会で決まった原爆医療法は死没者を切り捨てました。そして一九四五年から同法が制定されるまでに逝去していった人びとも補償の対象としませんでした。平一が談話でふれているように、生活保障や傷病手当などの制度もつくられていないので不満は大きなものがありました。

しかしその一方で、大きな前進をかちとったことも事実でした。一億七四五八万円強の予算がつきました。原爆医療法の制定によって、被爆者健康手帳を交付された人は国籍を問わず健康診断を受けることができます。原爆症認定患者となれば日常の治療も無料です。この法律は原爆によってもたらされた病気を社会の責任によるものと認め、国が治療費を出すことに最初の一歩を踏み出したのでした。運動を担ってきた伊藤サカエが、「藤居さんと黙って、黙って泣きました」と原爆医療法制定を回想していることも記録しておきたいと思います。

一九五七年六月から被爆者健康手帳の交付が始まると、広島ではごく短期間に六万三〇〇〇人もの被爆者が窓口に殺到しました。

全国で被爆者健康手帳を交付された人は、五七年度末で二〇万九八四人（広島市で七万四六一〇人、長崎市で二万三七五九人）。原爆症認定患者は一六六八人でした。

最初は、被爆者健康手帳を申請することにとまどいを感じる人もいました。手帳を申請することで、被爆者だと周囲にわかってしまえば、差別をさらに受けるのではないか。そういった不安を持つ人も多くいました。原水爆禁止運動が広がり、日本被団協が結成されても、被爆者に対する社会的差別は依然として続き、就職や結婚が困難であるという現実は変わらなかったからです。

そして、原爆投下から一二年の歳月が流れていたなかで、被爆当日に広島と長崎の爆心地から四キロの地点にいたことを証明するのは、とてもむずかしいことでした。罹災《りさい》証明書や市町村長の証明書、第三者の証明書などが手帳を受けとるためには必要でした。それは被爆者にとって厚い壁であったのです。

とはいえ、この被爆者健康手帳によって多くの被爆者は安堵《あんど》と喜びを感じました。そうでなければ、短期間に窓口に人びとが殺到することはありません。日本被団協も被爆者健康手帳の交付を増やす活動を全国でおこないました。

平一の妻・美枝子も数多くの被爆者たちから、「おかげさまで被爆者健康手帳を入手することができました」とお礼を言われました。美枝子は、平一がとことん努力したことが報われたことをしみじみと感じるのでした。

被爆者をどう認定したか

原爆医療法では原爆投下時の死没者、戦後一二年間に亡くなった被災者は、被爆者として扱われませんでした。それでは、一九五七年の時点でどのような人が被爆者として認定されたのでしょうか。

原爆が投下された当時に爆心地から四キロ以内の地点にいたことが証明できる人、被爆後二週間以内に爆心地から二キロ以内の地域に入った人、さらに救護作業などで放射能の影響を受ける特別の事情にあった人、被爆当時に胎児であった人が、認定された被爆者の範囲でした。

このような認定基準によって被爆者であるかどうかが決まりました。もちろん政府の立場は、行政の責任として一定の線引きが必要であるということにつきます。しかし、これによって、原爆被害者として心を一つにしてきた人たちの間に波紋が生じることになりました。

この認定基準から見れば、平一自身は被爆者にはなりません。そもそも八月六日に被爆していないので、平一は直接被爆者ではありません。しかし被爆当日から時を経て広島市に入ったことは確かです。ただ、平一が広島に到着したのは八月二三日で、原爆医療法に定められた二週間以内という入市《にゅうし》被爆者の条件に照らし合わせれば、三日だけですが超過しています。

日本被団協に集まった人のなかに、自らは広島や長崎で被爆していなくても、平一のように原爆で肉親を失った遺族たちがいました。これらの遺族たち、そして死没者は疑いなく原爆被害者でした。自らは被爆していない原爆孤児たちも原爆被害者でした。これらの人たちをすべて含めて、平一たちは原爆被害者ということばを用いてきました。

ところが原爆医療法によって、被爆者の定義が行政によって定められました。そして平一たちが考えてきた原爆被害者のなかで限られた人たちが被爆者と定義されました。法的な意味では平一が被爆者でないこともはっきりしたのです。

しかし平一は動じませんでした。晩年にいたるまで「被爆者健康手帳がほしくて運動をしてきたのではない」と毅然として言い続けました。原爆医療法が制定された後も平一は揺らぐことなく運動に邁進《まいしん》していきます。そして被爆者健康手帳を手にした被爆者だけではなく、国籍の違いを超えて世界の原爆被害者全体を救おうという姿勢を持ち続けていきます。

原爆慰霊碑の碑文の意味をどう考えるか

広島平和記念公園の原爆慰霊碑のなかで、「安らかに眠って下さい　過《あやま》ちは　繰返しませぬから」という言葉が刻み込まれた碑（一九五二年完成）を今もなお多くの人たちが訪れます。平和記念公園の中でもっとも有名な碑です。広島大学の雑賀忠義《さいかただよし》教授による碑文については当初から「主語が記されていないのはおかしい」という批判も含めて、多くの意見が出されてきました。

一九五五年、中国から郭沫若《かくまつじゃく》（作家・政治家）という要人が広島を訪れました。平一は平和記念公園を一緒に歩きながら、この碑の前で話し合いました。郭沫若は、この文章が意味していることについて話題にしたそうです。

平一はこの碑の文章を正しいと考えていました。この碑文の理念を英文で示すならば、No more Hiroshima No more, War. となるのではないか、平一はそう理解しました。この慰霊碑はもちろん原爆で亡くなった人の霊魂《れいこん》を慰めています。ただ、日本の侵略によって開始された戦争と日本への原爆投下とがいかに関係したかをどう説明するかという難題が突きつけられているのです。

平一にとって「過ち」とは、日本のおこなった戦争そのものでした。中国などアジア諸国に対する戦争が侵略戦争であり、アメリカに対する真珠湾攻撃も誤りであったという認識を平一

原爆死没者慰霊碑

は持っていました。しかしながら、広島と長崎への原爆投下は絶対に許されるものではない。一瞬にして焼き殺されていった広島と長崎の人びとは、なぜむごくも殺されていかなければならなかったのか、そう思いながら、平一は慰霊碑の前で頭を垂れていたのです。

現在もこの碑文をどう評価するかについては、さまざまな意見が存在しています。読者の皆さんはこの碑文についてどのように考えるでしょうか。

世界中の原水爆被害者を救いたい

第三回原水爆禁止世界大会にむけて『人類の危機と原水爆禁止運動』という冊子が一九五七年七月に刊行されました。平一はこのなかで、「被爆者救援運動の経過と今後の問題点」という文章を執筆しています。

平一は原爆医療法を高く評価しています。「今やわれわれは、被害者の問題を日本国家の責任において処理して貰《もら》うことのできる段階にまで到達することができた」「なお問題点が残されているが何と言っても大きな成果といわなければならない」「われわれが次にめざす目標は、被害者の国際的保障である」。

平一は国際的社会保障が求められていると主張しています。その趣旨は、広島、長崎で被爆した外国人被爆者の救済と、ビキニ水爆実験など世界で続けられてきた原水爆実験の被災者を救援したいということです。

これは非常に意欲的な主張でした。ただ、被爆者の問題を日本政府がしっかりと受けとめていない段階では、早すぎる問題提起でした。

平一もそれを自覚して、文章の後半では原爆医療法を原水爆被爆者援護法に発展させよう、原爆死没者遺族援護法を制定させよう、放射能症医療予防調査研究法を制定させようという主張をしています。

この三つの法律のなかで、原爆死没者遺族援護法は原爆で肉親を亡くした平一にとって切実であり、放射能症医療予防調査研究法は、残留放射能の問題を究明してきた平一が強い関心を持ってきた問題です。

ただ、日本被団協の内部では原爆医療法には問題点がきわめて多いという意見が強かったのでした。医療法で満足してはだめだ。被爆者援護法へと発展させていくべきであるという考えが、多数だったのです。もちろん平一も原爆医療法で満足すべきなどとは思っていません。被爆者援護法の制定を強く望んでいるところです。

結局、この年（一九五七年）の第三回原水爆禁止世界大会では、平一が個人として強調したかった外国人被爆者救援の課題は、前面に掲げられませんでした。そして大会全体の課題としては、原子戦争準備反対、原水爆実験の禁止が最大のテーマとなりました。「実験の即時無条件禁止のための国際協定、核兵器の製造・貯蔵・使用の禁止、核兵器の持ち込み反対、全般的軍縮の要求、軍事基地反対、すべての軍事ブロックの同時的解消、外国領土からのすべての外国軍隊の撤退」が決議されたのです。

第二回大会の決議よりも、政治的な要求が数多く掲げられました。このことは、当時の世界の動きと連動していました。

実は、この一九五七年五月にはイギリスがクリスマス島（現在はキリバス共和国）で水爆実験をおこないました。実験計画が明らかにされたこの年の初めから、「ビキニをくりかえすな！」という合言葉のもとに、日本国内でも多くの人びとが反対運動に起ち上がりました。もちろん平一も必死でした。その努力にもかかわらず、イギリスは実験を強行したのでした。

こうした世界の動きのなかで、日本の原水爆禁止運動が核実験に歯止めをかけていこうという意見も強まりました。アメリカが支配する沖縄だけではなく、全国各地にアメリカ軍の基地が存在し、平和の脅威になっているという現実が、平和の敵とは誰かを鮮明にしようという流れを強めました。それらの意見が原水爆禁止世界大会で前面に出ると、一部の人からは政治的すぎるという反発も生じてきました。

翌五八年の六月二〇日には、第一回平和行進が広島をスタートしました。広島から東京までの約一〇〇〇キロをのべ一〇〇万人が参加し、沿道には行進に声援を送り、自らも行進に参加しようという人びとがかけつけました。

原水爆禁止運動は、盛り上がり続けていました。ただ、最高潮を迎えようというこの時期に、運動のあり方に疑念を持つ人も出てきました。

一九五八年に開かれる第四回原水爆禁止世界大会は、会場が決定するまで時間がかかりました。これも大会の性格について疑問が出てきたことの表れでした。最終的に早稲田大学の大隈記念会堂を主会場として開催することになりました。これは平一が早稲田大学の大濱信泉《おおはまのぶもと》総長にお願いして実現したことでした。

後日、大濱総長は「藤居君のたっての願いだったので断れなかったんだよ」と語りました。前年に制定された原爆医療法が、沖縄在住の被爆者にも適用することを想定しているので、沖縄出身の大濱総長の心が動かされたという背景もあったようです。

愛する母校で原水爆禁止世界大会が盛大に開催されたことは、平一にとっては大きなよろこびでした。

しかし、五五年に始まった原水爆禁止世界大会において、さまざまな思想・信条を持つ人びとが大同団結した大会はこの年が最後になります。翌年からは、離脱と分裂の動きが強まっていくのです。

第九章　家業へ復帰しても志は変わらず

家業へ復帰する平一

一九五九（昭和三四）年三月、藤居平一は日本被団協、日本原水協の活動から離れて家業に戻ることになりました。これまでの約五年間、家業の藤居銘木店の仕事から遠ざかり、私財を投げうって活動に専念していました。それがもう限界であることは、はっきりしていました。

これ以上社長業を離れるならば、会社が危うくなる。それは平一にもわかっていました。社長が陣頭指揮をとれないなかで、弟の康郎をはじめとして全員で頑張ってきましたが、会社はこの間停滞していました。妻の美枝子の苦労も大きなものがありました。このままでは会社がだめになってしまうという危機感があって、社長としての仕事を優先することにしたのです。

他方でこんな疑問もありえるでしょう。原爆医療法の制定によって、国は被爆者健康手帳を交付された人を被爆者だとみなすようになった。だから被爆者でない平一は日本被団協の役員から退いたのではないかという疑問です。

たしかに、原爆医療法ができる以前から、直接に被爆していない平一がなぜ事務局長を務めているのかと疑問を口にする人もいたようです。「遺族だからええんじゃ」と平一を支持する声が強く、平一は仕事を続けていました。ただ、被爆者のなかには八月六日または九日に被爆したかどうかに、非常にこだわる人もいました。

平一は自らが被爆していないことを隠したことはありません。そして「自分は被爆者健康手帳をもらうために運動してきたのではない」と何度も語っていました。何の私心もなく、多くの原爆被害者（被爆者）のために尽くすのが平一の信条でした。

実は、八月六日、九日に被爆した人のなかでも、国が認定した被爆者になるかは人によって判断が分かれました。それは本人の判断で決められることでした。したがって、被爆していても、被爆者健康手帳の交付を求めなかった人は少なからずいたのです。そして日本被団協は被爆者の団体ですが、被爆者健康手帳を持っている人のみを対象に運動してきたわけではありません。「原爆被害者」の運動として始まり、原水爆禁止運動や市民の支援があって広がってきました。被爆者でない人も大いに活動を支えてきたことは、現在にいたるまでの日本被団協を知るうえで、重要な点です。

さて、社長業に戻った平一は自ら営業活動を精力的におこない、藤居銘木店を大いに宣伝しました。また各地を歩いて、積極的に銘木を仕入れました。倉庫には続々と銘木が運び込まれてきました。全国の同業者との交流も以前のように復活しました。ごぶさたしていたことをわびて、これからは仕事に専念しますと言うと、先方はたいへん喜んでくれるのでした。

こうして社長業に復帰すると、時間はまたたく間に過ぎていきます。そして原爆被害者の運動や原水爆禁止運動がそうであったように、人間の気持ちを大切にしていくことが、商売にとって大切であるし、同時にしっかりとした理念、論理がなければ、会社は伸びていかないことを平一は痛感するのでした。

当時、住宅建設は全国的に上り坂でした。家を新築、改築する人たちから、化粧材として銘木を使いたいという依頼は数多くありました。住まいの中でおもむきと品格のある雰囲気を保ちたいというときに銘木はかけがえのない役割を発揮しました。この時代から長らく、銘木業界は活気を持っていきます。

平一の日常は、藤居銘木店の社長として、そしてアカシア会や早稲田大学同窓会での活動などで忙しく充実していました。三人の娘たちも日ごとに成長していきます。それを見ることは、父親として何よりの喜びでした。

しかし、五年間もの間、文字どおり没頭した原水爆禁止運動、被爆者運動とのつながりは切れてしまったのでしょうか。そんなことはありませんでした。そもそも、けんか別れをしたわけではありません。惜しまれながらの退任でした。そして広島に住んでいて、被爆者を忘れて生きていくことはできません。

社長業に戻った平一と被爆者運動、原水爆禁止運動とのかかわりが決して切れていなかったことは、本書の一〇章であらためてふれることにしましょう。運動の第一線から離れたようでいながら、平一は個人として運動にかかわり続けたのです。

一九五九年、市内の大手町《おおてまち》に宿泊室や風呂も備えた広島平和会館が完成しました。原水爆禁止世界大会に寄せられた救援金七五〇〇万円（その大半は中国からの寄金）によって建設が可能になったのです。かねてより、被爆者が集えるような場所がほしいという声があって、ようやく実現した施設でした。平一は会館の床の間の床柱を無料で提供しました。こんな気前のいいところが、平一の持ち味でした。

春日大社への協力と全国銘木展の大成功

一九六一年、第二室戸台風による暴風によって奈良の春日大社は大きな被害を受けました。鳥居も倒れ、樹木五〇〇〇本が地面に横倒しになってしまう大被害でした。

春日大社は平一にとってなじみの場所でした。平一はすぐに現地にかけつけました。天下の銘木である春日杉がどうなってしまったかが心配でなりませんでした。平一は地元の銘木業者とともに、参道の復旧工事や被害木の販売に奔走しました。

春日杉は、きわめて高く評価されている銘木です。春日杉の大樹を板に挽《ひ》くと、品のある木目（笹杢《ささもく》）があらわれます。天井板としても、お盆などの木工芸品としても申し分のない銘木でした。

被害を受けて倒れてしまった木は売るしかありません。競《せ》りが始まると、平一も高い価格で大量に購入したようです。こうして平一たち銘木業者も協力して、境内はかなり整備され、大量の倒木も高値で販売されたのです。このことに春日大社は深く感謝するという一幕がありました。人情に篤《あつ》い春日大社の人たちは、このときの恩義を後々まで忘れませんでした。

一九六五年、広島で全国銘木展が開かれることになりました。銘木業界の一大イベントです。被爆後二〇年という節目の年、大会運営委員長を務めた平一が先頭に立ち、広島の全関係者の努力によって入念な準備がおこなわれました。会場は藤居銘木店の倉庫がある吉島（広島市）の一〇〇〇坪の土地です。ここに国内・国外の優良銘木が出品されました。

この銘木展にはのべ一万人が参加し、かつてない盛況を示しました。国内・国外の優良銘木が数多く出品されていたことが決定的でした。とりわけ春日大社の春日杉、伊勢神宮の御山《みやま》杉、信州の大玉ケヤキなどが参加者の注目を集めました。

そのなかで誰もが感嘆の声をあげたのは春日杉でした。樹齢八〇〇年に達するような大樹は、赤みを帯び、年輪がびっしりと細かく入っていました。多くの参加者が春日杉のまわりに集まってきました。このような木であるならば、必ずやすばらしい板に挽ける。全国の銘木業者の熱い視線を集めることになったのでした。

こうして四年前の春日大社と平一たちとのご縁が、全国銘木展で花開いたのでした。春日大社は特別の好意で境内の樹木を伐採し、出展を許可してくれたのです。これは願ってもないはからいでした。また会場では春日大社宮司《ぐうじ》による原爆慰霊行事と木魂祭《もっこんさい》がおこなわれました。

全国銘木展はみごとに成功しました。全国からのお客さんを前にして、平一はとても満ち足りた気持ちでした。

しかし、理想を求め続ける平一はこの全国銘木展について、不満足な点もありました。全国の優良材を集めるだけではなく、銘木に関係の深い「人間銘木」を集めたい。銘木や林業に携わってきた人たちが一堂に会する場を本当はつくりたかったのだという感想を、平一は後に述べています。

理想主義者の社長として

「人間銘木」を集めたいという構想は、いかにも平一ならではのアイデアでした。

被爆者運動、原水爆禁止運動の場でも、有名、無名の人たちと苦労して運動を作り上げてきた平一は、銘木業においても人間の出会いが大切だと考えていました。

そして、人びとの絆《きずな》があってこそ、何百年という時を刻んできた一本の木が、銘木として育ち、つつがなく活用されていくと思っていました。銘木という日本の木の文化を支えているのは、人間の絆であると思っていたのでしょう。それゆえ「人間銘木」を集めたいという願いを持ったのではないでしょうか。

六〇年代のある時期に新聞社の取材に応じて、平一社長は藤居銘木店を「業界で一番いい給与にしたい」と答えています。経営者だけがもうけるのではなく、働く人をまず幸福にしたいという思いがあったのでしょう。

世の中には数えきれないほど社長さんがいます。そのなかで、平一はきわめて理想主義に燃え、気迫がみなぎった社長であったようです。

自ら先頭に立って社員たちを引っ張っていこうという平一は、背広姿のときでもよく従業員のところに顔を出しました。従業員たちが荷を運び始めると平一の身体も自然に動いてしまいます。

「社長、汚れますから」と心配する声が周囲からかかります。それでも「だいじょうぶじゃ」と平一は聞かないのでした。

戦前・戦中とくらべると、藤居銘木店は時代の波とともに変化していました。昔、地下足袋姿で大きな鋸《のこぎり》を使って、木取《きど》りをしていた木挽《こび》きの職人は姿を消しました。その代わりに電動の機器で木を切るようになっていました。しかし、社内にある種の安らぎがあるという点では昔と相通じるものがありました。

夕方、仕事が終わると何人かで酒をくみ交わすことがありました。誰かが釣ってきたハゼをつまみにしながら、話が盛り上がることもありました。平一もしばしば顔を出しました。

仕事についてはきびしくても、社員に対する思いやりは徹底していました。若手社員の山岡《やまおか》哲郎《てつお》がミスをしても正直に報告し謝罪すると、平一は励ましてくれるのでした。また日本社会で、たえず差別と抑圧の対象とされてきた在日韓国・朝鮮人が社員として何人も雇われていました。こんなところにも平一の姿勢は示されていました。

ただ一方で、平一は強烈な個性の持ち主です。すべてにおだやかで物分かりのいい社長さんではありません。一方で、がんこで自己主張の強い性格でもあります。

たとえば、この一九六〇年代以降には、銘木の世界でも多くの外材が輸入されるようになりました。外材を使えば、商売はもっと上向くと思った銘木業者も多くいました。しかし、平一は銘木業とは日本の豊かな風土に育まれた仕事であると強く信じていました。銘木が日本の住宅に潤いと安らぎをもたらし、わが国の「木の文化の象徴」として長く愛され続けてきたことに誇りを持っていました。平一は国産の木材を基本に商売していくという方針を変えようとしませんでした。

仕入れに対して、とことん貪欲《どんよく》なのも平一の特徴でした。銘木にすぐほれこんでしまい、周囲の人たちが心配するほど大量に仕入れてしまうのが平一でした。それほどまでに木を愛していたのでしょう。そして銘木の可能性に賭けることが大事であることは、父の完一から受け継いできたことでした。

主張すべきときには断固として譲らない平一は、社外の人と言い争いをすることもありました。そんなときには、木の香りで満たされている床柱の置き場にこもって、板の上に座りこんでしまうことがあったそうです。「気が鎮《しず》まるんじゃー」と言っていたそうです。平一にとっては、銘木は自らを励まし、自らを安らかにする効果を持っていたのでしょう。

平一にとって、うれしかったことが一つありました。一九七〇年代初めに、次女の美穂子が三年間、藤居銘木（株）の従業員になったのでした。最愛の娘たちの一人と一緒に仕事をすることで、平一は将来への希望をさらに強くするのでした。

平一が再び銘木業の第一線でがんばっている時代は、日本社会が急速な高度成長を果たしていった時代でした。敗戦から長らくの間、原爆の大きな傷跡を残していた広島の街も、見ちがえるように発展していきました。全国的には一九六四年の東京オリンピックが国際社会にアピールしていく一大行事になりました。日本全体で、どれほど急速な経済成長を果たしたかというと、わずか一〇年足らずで国民総生産が実質二倍になるという驚異的な成長ぶりだったのです。

時代の変化は、銘木店から見てもはっきりとしていました。七〇年代に入ると、一本一〇〇万円を超えるような床柱を買い求める人も出てきました。

このような経済成長は、銘木業界への強い追い風ではありましたが、油断できない状況の変化も始まっていました。住宅建設ブームは続きましたが、急速に木造住宅の比率は低くなっていったのです。木造住宅離れと、安価な輸入材が国産材を押しのけてしまうという新たな状況において、どうしていくべきかが問われていくのです。

そもそも、戦前のように何十年と住み続けられるしっかりとした木造建築が建てられ、そこに銘木が活かされていくというのが、本来はもっとも望ましい姿でした。それとは明らかに変化した新たな時代状況に直面しながら、平一たち銘木業者は商売をしていかなければなりませんでした。

第一〇章　反原爆の思いを貫き通して

原水禁運動の混乱と分裂

藤居平一が社長業に戻った一九五九（昭和三四）年には、原水爆禁止運動に大きな困難がもたらされました。運動の混乱が表面化したのです。

この年の夏、日米安全保障条約の改定問題を、それに反対する立場から原水爆禁止世界大会で取り上げることに抗議して、一部の保守系の人たちが参加を取りやめました。関連して、広島県が提供することになっていた世界大会への補助金三〇万円の支出は取り消されました。これらの動きの後に、民社党系などの人たちは一九六一年一一月に核兵器禁止平和建設国民会議（核禁会議）を結成して日本原水協に対抗し、日本原水協は最初の混乱に直面したのでした。

これは小さくないできごとでした。一九五五年に始まった世界大会は、思想・信条の違いを超えて、原水爆禁止、被爆者救援という共通の目標のもとに団結がかちとられていました。たしかに被爆者を救援すること自体が、国会での審議など政治的な課題と結びついています。したがって、原水爆禁止運動が全面的に非政治的運動であったはずはありません。しかし、限られた政治的立場の人だけが集まるのではなく、自由民主党、日本社会党、民社党、日本共産党、その他の政派の支持者、そして何よりも無党派層の人たちがゆるやかな協力関係を保っていたのでした。

自民党系などの人が離れ、民社党系などの人が別行動をとるということは、この協力関係に完全にひびが入ってしまったことを意味します。

原水爆禁止運動における対立は、その後さらに深まっていきます。個人の意見の違いというよりも、運動の前面で政党・労働組合・学生運動団体同士が対立するようになったことが、大きな原因でした。たとえば社会主義国における核実験についての激しい論争が長く続きました。社会主義国の核はアメリカに対して防衛的な性格を持つので、いかなる国の核実験にも同じ程度に反対するのはおかしいという意見が、共産党系の人たちから提起されたのでした。また、一九六三年には部分的核実験停止条約についての評価をめぐっての論争が大問題になりました。

これらの激しい論争をしていた人たちは、ヒロシマ、ナガサキをくり返してはならないという思いでは一致していました。しかし、状況をどう見るかについて意見の食いちがいは大きくなるばかりでした。対立が増すなかで、原水爆禁止世界大会の統一を守れるかどうかという議論が土俵際で続けられました。

しかし、ついに決定的な分裂という事態に立ち至りました。一九六三年の第九回世界大会でのことです。そして一九六五年に今度は、長らく日本原水協の一員であった社会党・総評系と中立系の人たちで原水爆禁止日本国民会議（原水禁）という組織が旗揚げされました。これまでの日本原水協は、共産党系と中立系の人たちによって運営されていくことになりました。一方、全国地域婦人団体連絡協議会や日本青年団協議会などの市民団体は、混乱のなかで組織から退くようになりました。完全な分裂状態です。この分裂は六一年の混乱よりも、はるかに大問題で深刻な事態をもたらしました。

こうして日本原水協という一つの全国組織のもとにさまざまな思想・信条を持った人たちが参集する時代は終わりを告げたのです。一九六〇年代後半からは原水協、原水禁、核禁会議という三つの組織に分かれて、原水爆禁止世界大会が別々に開かれるようになります。運動の混乱や分裂は、単なる意見の違いではなく、政党間の対立という性格も持っていました。それに幻滅して、原水爆禁止運動から遠ざかってしまう人も少なくありませんでした。

被爆者運動も新たな試練を迎える

それでは原水爆禁止運動の対立と分裂は、被爆者運動にどのような影響を与えたでしょうか。一言で言えば、被爆者運動にも大きな困難がもたらされたのです。日本被団協には原水爆禁止運動で分岐した三団体の支持者たちがいましたから、意見の対立が激しくなりました。一九六〇年代の初めからしばらく、日本被団協自体が「開店休業」状態を余儀なくされました。日本被団協とは無関係に活動する被爆者の会も出てきていました。

とりわけ残念だったのは、広島の被爆者が集う広島県被団協という組織までが、六四年の時点で原水禁国民会議に参加していく広島県被団協（森瀧市郎理事長）と日本原水協系の広島県被団協（田辺勝理事長）と、同じ名前を持ちながらも別々の二つの組織になってしまったことでした。核なき世界、被爆者援護法を求めるという点では意見は同じはずでした。しかし政治的な立場の違いで分裂してしまったのです（この時点では、すでに県内でもう一つの被爆者団体も発足していました）。一方、長崎の被爆者団体である長崎県被災協は分裂することなく活動を続けていきます。

さて、このような状況のなかで、平一は何を考えていたのでしょうか。

運動の困難な状況について、平一も心を痛めていました。かつては日本原水協が唯一の組織だったのが、今や三つの組織に分岐したとはいえ、その三つの組織の担い手は、平一が苦楽を共にしてきた仲間でした。一つの団体だけを支持することはできません。分裂前と変わらず、平一はどの団体の人とも友情を保ち続けました。

分裂の要因は政治的な対立でした。その種の争いやイデオロギーを強調しすぎる人たち、自分たちだけが正しいという唯我独尊《ゆいがどくそん》的な考え方を平一が嫌っていたことはまちがいありません。ただ、平一は運動の分裂ですべてが無になってしまったという見方には立ちませんでした。

平一は、信頼する宇吹暁に自らが運動の第一線にいた時代について語っています。

「当たり前よ。最初から分裂しとった。多くの被爆者がいたから。そこに政党が横やりを入れてきた」

原水爆禁止運動については、運動の分裂前がバラ色で、分裂後は灰色になってしまったと理解するのが普通だと思います。広範な人びとが協力しあって、大同団結がかちとられたことのすばらしさを実感した人びとのなかで、分裂による失望感が強かったことはたしかです。特定の政治的立場を持たない人は、分裂後は身の置きどころを見つけにくくなります。

しかし、原水爆禁止運動の分裂で、原水爆禁止や被爆者救援という運動の目標が無意味になったわけではありません。そして分裂によって運動が全面的にストップしたのではなく、それぞれの団体によって運動は続けられていきました。被爆者の間でも、分裂をきっかけに沈黙をよぎなくされた人が多かったことはたしかです。ただ、その一方で、被爆者としての訴えを続けていった人も少なくありません。

「最初から分裂しとった」という平一のことばには、原水爆禁止運動は運動が分裂する前においても困難を抱えていた、自分たちはそのなかでもがんばってきたのだという平一の自負が示されているのではないでしょうか。

苦境を脱して前進する被爆者運動

日本被団協は、しばらく続いた困難な状況を乗り越えて、一九六六年から運動を再生していきます。全国の被爆者が団結をかちとっていくためには、しっかりとした目標が必要です。そしてその柱が、国家補償にもとづく被爆者援護法の制定であることは明らかでした。

小川政亮《おがわまさあき》、庄野直美、山手茂《やまてしげる》、伊東壮《いとうたけし》の執筆による『原爆被害の特質と「被爆者援護法」の要求』が重要な指針となりました。この「要求」では、①原爆による人体への損傷は爆風、熱線、放射能の「複合的傷害」であり、特定の病気に限定して固定的に考えるべきではないとし、②原爆は労働能力の減退、家族崩壊、家族・財産・職業労働の場の喪失から「原爆症と貧困の悪循環」をひきおこすものであることを指摘しました。

また、日本国家の責任とは何かという論点については、そもそも戦争を始めて結果として原爆投下を招いた責任、戦後長らく被爆者を放置してきた責任を明らかにし、国家補償を求めました。政府が、国家は一般国民に対しては補償義務がないと主張している点や、被爆者だけに補償をすれば、一般戦災者との均衡が崩れるという議論に対しても、その不当性を明らかにしています。

この「要求」はパンフレットになり、表紙に鶴の絵が描かれているので「つるパンフ」として急速に普及されて、長らく被爆者運動の道しるべとして役割を発揮していきます。そして、この「つるパンフ」に依拠して国会要請行動や全国行脚がおこなわれていくなかで、日本被団協は活力をとりもどしていくのです。

六七年一一月には、厚生省が被爆者実態調査「健康調査および生活調査の概要」を発表しました。国による初めての実態調査でしたが、一般国民と被爆者との間には、健康や生活についての差はなく、原爆の影響はないという趣旨でした。被爆者は、これが実態を正しく反映していないとして抗議を表明しました。

また六八年には「被爆者特別措置法」が新たに制定されました。これによって、原爆医療法で手帳交付、健康診断、原爆症認定を扱い、被爆者特別措置法では手当関係を扱うという二本立てになったので、原爆医療法とあわせて「原爆二法」と呼ばれることになりました。

しかしこれによって、被爆者の要求が実現したわけではありません。国家補償にもとづき、死没者も含めて被爆者援護法による償いを求めるという被団協の考えとはかけ離れていたからです。

多くの被爆者たちは、国家補償にもとづく被爆者援護法の実現を心から求めていました。一九七〇年代、八〇年代、九〇年代と日本被団協の総力をあげた運動が続けられていきます。

もみじまんじゅうをおみやげにして

日本被団協の役員を離れてからの平一は、被爆者運動にかかわる動きにどう対応していたでしょうか。被団協を離れても、被爆者援護法の制定を願う平一の立場にはまったく変わりがありませんでした。寝てもさめても、被爆者をいかに救うかを平一は考えていたのです。

そして平一は努力を続けます。自分の持っている人脈をたどって、大蔵省をはじめとした官僚に被爆者予算の拡充を求めたり、被爆者援護法を実現するための要請を続けたりしたのです。被団協という団体とは別のかたちで、平一個人として同じ目標のために行動を続けていたのです。

したがって、本書では日本被団協の役員を離れてからの平一が運動から遠ざかったという見方には立っていません。社長業に復帰してからも、平一なりのやり方で運動を続けていったのです。

もちろん活動のスタイルは、日本被団協に結集する被爆者と平一とは大きく異なっていました。平一は国会請願行動に欠かせない署名用紙やチラシなどを持つかわりに、たくさんの「もみじまんじゅう」をおみやげに東京にやってきました。機会があれば東京を訪れて、官僚や政治家や学者に会わねばならなかったからです。

もちろん平一の努力だけですみやかにことが運ぶわけではありません。大蔵省に知り合いが多くても、原爆医療法が制定された時点と高度経済成長が終わってやがて行財政の緊縮が叫ばれるようになった時代では、大きく対応が違っていました。平一の努力がたやすく実を結ぶような条件はありませんでした。

しかし、あたかもマグマがいつまでも燃え続けるように、平一は行動せずにはいられませんでした。平一が原爆被害者援護法を初めて構想したときはまだ四〇歳、それから一〇年、二〇年が経過しても被爆者援護法は実現できずにいました。何としてもそれだけは実現したいという思いが、平一にあったと思います。

「つるパンフ」の執筆者の一人であり、一九六〇年代以降の被爆者運動のリーダーとして長く日本被団協事務局長、代表委員を務めた伊東壮は、平一のその情熱を知っていました。ですから七〇年代後半には、平一に日本被団協顧問に就任してくれるように頼みましたが、平一はそれを断りました。運動の第一線を長く離れているのでもう自分の出番ではない、自分がしゃしゃり出てはいけないと思ったのでしょうか。

平一が後に宇吹暁に語った内容から判断すると、昔の権威によって運動の現場に影響力を持つようになるのは、望ましいことではないと平一は考えていました。

平一にとって、「運動というのは、一緒にスクラムを組んで歩きながら話し合って、そして理解していく」ものです。かつて原爆被害者の一人として寝食《しんしょく》を忘れて運動に起ち上がり、日本被団協を創設したことは、人生で何よりも忘れがたい思い出でした。それゆえ、その経験を後世に伝えたいという思いはありましたが、被爆者運動や原水禁運動の第一線で、引き続き肩書きを求めるような気持ちはありませんでした。

しかし、平一は後輩たちには並々ならぬ思いを寄せていました。自らの経験を後輩たちにぜひ伝えたいという思いは、このうえなく強かったのです。

東京に行く機会に、平一は日本被団協や原水協、原水禁を訪ねては、自らの経験と現在の運動への思いを切々と語りました。話が始まればしだいに声は大きくなり、顔は紅潮してきます。老いの一徹で現在の運動に対する率直な批判も強くなります。おみやげに「もみじまんじゅう」をもらって、でもよく叱られたなという思い出を持って、平一の不思議な存在感を今も記憶している人たちがいます。

被爆者援護法を実現できずに時間が経過していました。平一はあせりを感じていました。もっと霞ヶ関の官僚に食い込んで、政権党の自由民主党を動かさなければならないと平一は考えていました。

外国人被爆者の救援が決定的に遅れている、一日も早くその実現が求められているという点、根治療法の解明こそ被爆者のために急務であるという点、これらの長年の持論もたえず力説していました。世界の原爆被害者を救援し、世界のヒバクシャのために世界被団協を結成するのが、かねてからの平一の夢でした。ぜひそれを具体化してほしいと平一は語り続けました。それが実現できなければ、自分は死ねないという切実な思いでした。

いま多くの市民が憂慮を深めている原子力発電所について、平一が反対運動に参加したわけではありません。しかし、一九八〇年ごろの時点で「被爆者の根治療法も見つけられないのに、原子力の平和利用もないものだ」と平一が批判を述べていたことを、若林節美《わかばやしせつみ》（当時、広島原爆病院）は記憶しています。「まどうてくれ」という平一の考えは、金銭による償いだけを求めていたのではありません。原子力の平和利用の前に被爆者の傷ついた身体を元に戻してほしいと平一は願っていたのでした。

一九七〇年代の後半には注目すべき動きが出てきました。七七年五月には原水協と原水禁のリーダー間で合意書が交わされ、原水爆禁止運動の再統一への一歩が始まりました。また同年夏には、被爆問題国際シンポジウムが開かれ、ノエル＝ベーカー卿は「全世界のヒバクシャ団結せよ」と訴えました。このように状況が動くなかで、平一も自らの思いを強めていきました。

誰もが年齢を経るにしたがって、昔のことを語りたがる傾向があります。平一もある時点までは、若き日の運動の経験を伝えることに熱心でした。しかし年齢を重ねるにしたがって、過去の運動経験を伝えることよりも、未来に向けて何を実現するかに、平一はとことんこだわるようになりました。

ちょうどその頃、一九八二年には、第二回国連軍縮特別総会（ＳＳＤⅡ）が開かれました。アメリカとソ連による核軍拡競争が進み、核戦争への危機感が強まっていました。ヨーロッパでも日本でも空前の規模で反核運動が盛り上がりました。

平一は長らく糖尿病を患っていました。健康状態は悪化していました。好きなビールもとうの昔にやめていました。文字通り自分の遺言のような意気ごみで、平一は訴え続けました。

世界のヒバクシャのために世界被団協を結成するという構想一つをとっても、平一らしいきわめてスケールの大きなプランです。ただ、平一の提案をただちに受け入れていくだけの余裕が日本被団協の後輩たちにあったでしょうか。それは冷静に考えてみる必要があります。

被爆者の願いは変わることなく

一九七〇年代、八〇年代、九〇年代と日本被団協では、被爆者援護法を実現するために組織の総力をあげました。全国の被爆者は、身を粉《こ》にしてその実現をめざしました。被爆者以外の広範な世論の後押しもあって、闘いの主戦場である国会では全野党の共同提案で、何度も国会に被爆者援護法案が提出されました。私がささやかながら被爆者運動の支援にかかわり始めた七〇年代後半以降には、被爆者援護法制定は決して不可能ではないと私たち支援者は期待を強めていました。

原爆投下から数十年が経過するなかで、日本社会は激しく変化していました。一九五〇年代後半に始まった高度経済成長期には、何百年分の変化がごく短期間に生じたといえるでしょう。農業・林業・水産業の第一次産業人口が劇的に減少し、都会に出て勤め人になる人が多数になりました。庶民の生活水準もめざましく向上しました。その一方で、全国で自然や景観が破壊され、何百年とつちかわれてきた文化や技術や労働が台なしにされていくような事態も発生しました。

豊かさを求め、ひたすらスピードを増して変化する日本社会において、被爆者たちは変わらずに一つのことを訴え続けました。なぜ罪のない人たちが、原爆で殺されなければならなかったのか。原爆によって傷つけられた身体と心を元に戻せないのなら、せめて償ってほしい。それは国の責任で始められた戦争の被害者として、当然の訴えでした。

そして被爆者のみならず国内・国外から、日本の戦争による犠牲を償えという訴えが戦後何十年も経過してから起こされていきます。戦争による犠牲や悲しみは、長らく人びとを沈黙させても、永遠にそれを堪え忍ぶことは不可能だということを示しているのです。こうして何十年が過ぎても、日本の戦後は終わりませんでした。

さて、このように時代が推移するなかで、当時の政権党である自由民主党、霞ヶ関の官僚たちは被爆者の願いにどうこたえたでしょうか。もちろん自民党の国会議員にも、被爆者の願いに耳を傾け、被爆者援護法の制定に賛同する議員はいました。たとえば原爆二法を一歩ずつ充実させていくことは政府や官僚たちも認めてきました。しかし、被爆者たちが求める国家補償による被爆者援護法や死没者への補償には応じませんでした。もしそこに手をつければ、空襲被害者など広範な戦争被害者への補償問題にもつながっていくというのが、彼らなりの「理屈」でした。

ただ全国の被爆者たちの運動が広がり、それを支持する市民の声が強まっていくなかで、政府も新たな対応が求められていきます。被爆者たちの願いを門前払いにすることが困難になってきたからです。もしかしたら、政府が従来の見解を変更して、被爆者の願いにこたえることがあるかもしれないという期待が広がりました。

その期待が決定的に裏切られたのは、一九八〇年一二月のことです。当時の厚生大臣の諮問委員会である「原爆被爆者対策基本問題懇談会」（「基本懇《きほんこん》」、七名の委員で構成）が戦争の犠牲は国民ひとしく受忍（がまん）すべきだとして、被爆者が求めた国家補償にもとづく被爆者援護法の制定を事実上退ける意見書をまとめたのです。日本国の一員として、国民は戦争による被害は受忍せよという見解が、あらためて被爆者に対して押しつけられたのです。国の賠償責任は認めず、弔慰金《ちょういきん》や遺族年金の創設を否定する意見書には、まさに国の考え方がもっとも鮮やかに示されていました。

それから三〇年が経過した二〇一〇年、ジャーナリストの取材でこの「原爆被爆者対策基本問題懇談会」の議事録が初めて開示されました。官僚が財政難に危機感を持って、被爆者援護法の制定に難色を示し、懇談会に介入していたことが明らかになりました。

「戦争の犠牲は国民ひとしく受忍すべきだ」という一九八〇年の「基本懇」の意見書に対し

て、多くの被爆者は渾身《こんしん》の怒りを表明しました。八月六日の広島、九日の長崎で死んでいった人たちを思い、戦後の長き日々に多くの苦しみを乗り越えて生きてきた人たちを思えば、「受忍すべきだ」という意見書に対して沈黙することはたえがたいことでした。

こうして被爆者援護法を制定させせないようにという「基本懇」意見書は、被爆者援護法を何としても実現しようという被爆者の運動にさらに弾みを与えることになりました。

実は、平一もこの「基本懇」意見書に強い怒りを感じた一人です。平一は「基本懇」のメンバーの一人とは面識があったので、今度こそ被爆者の願いが実現されるのではと当初は期待していました。しかし、国民は戦争の犠牲を受忍すべきだと言われれば、黙っていることなどできません。被団協の役員から引退して以来、久方ぶりに再び運動の前面に出ようかと思う平一でした。

「基本懇」の意見書に対して、全国の被爆者と被爆者を支える市民から大きな反撃がわきおこりました。それはとてつもなく厚き壁への挑戦でした。政府・自由民主党も大蔵省も国家補償を認めないという意見に執着するなかで、重ねての挑戦だったからです。

何としても厚き壁を破りたい。全国の被爆者は全力で挑み続けました。

一九八四年一一月に「原爆被害者の基本要求」を発表した日本被団協は、「核戦争起こすな、核兵器をなくせ」「原爆被害者援護法の即時制定」という二つの要求を全面に掲げました。これは正面から「基本懇」の意見書を批判する要求でした。この「基本要求」を受け、被爆者は全国行脚《あんぎゃ》に精力的にとりくむなかで市民への支持を訴えました。一人ひとりが被爆体験を語り、死んでいった人びとを思い起こし、国家補償の精神に裏付けられた被爆者援護法制定を求める運動は続けられました。この運動を背景にして、八五年に日本被団協独自の原爆被害者調査が進められました。一方、厚生省も初めての死没者調査にとりくまざるをえませんでした。

日本被団協による被爆者援護法制定を求める運動は、大義のある闘いでした。全国の多くの市民がこの運動を支持しました。七割を超す自治体で支持決議が上がり、被爆者援護法実現を求める署名は八〇〇万を超し、自民党の国会議員も多く署名するようになりました。

そして一九八九年一二月の参議院本会議で国家補償を求める野党共同提案の「原子爆弾被爆者等援護法案」がついに可決されました。しかし衆議院で会期切れのため廃案となって法案は実現にはいたりませんでした。九一年四月にも同じく参議院本会議で、被爆者援護法案は再び可決されました。だが、このときも衆議院で成立にはいたりませんでした。

結果的に、九四年の暮れに、村山富市《むらやまとみいち》首相のもとで「原子爆弾被爆者に対する援護に関する法律」(「被爆者援護法」という名の現行法)が制定されることになりました。しかし、それは国家補償の考えを拒んだ内容で、かつての「基本懇」意見書にもとづいている法律でした。一方では被爆者を救済していくことを具体的に明らかにした積極面を持ちつつも、他方では、被爆者が長年求めてきた国家補償の考えを拒否していました。したがって、多くの被爆者に失望を与える内容でした。

被爆者、その多様な姿を

この時点、被爆五〇年を目前にした時点での被爆者たちの思いについて、私たちも考えてみたいと思います。一瞬の閃光《せんこう》を浴びて、燃えさかる廃墟のなかを逃げまどった人たちも、被爆当時一〇歳だった人が六〇歳近くになるほどの時間をくぐりぬけてきました。

被爆者援護法の制定のために行動してきた多くの被爆者がいました。国会への請願行動、署名活動、被爆体験を語るなど実に精力的な活動が続けられてきました。

被爆者たちは物好きでそうした行動をやってきたわけではありません。そして五〇年近くずっとその活動をしてきたわけではなく、被爆からしばらくの間は沈黙を保ってきた人たちが非常に多いのです。自分が持っている身体の傷、心の傷の辛さに向きあい続けてきた人が、何かのきっかけによって沈黙を続けるのではなく、社会に向かって訴えるべきことは訴えなければと考えて、起ち上がってきたのです。

まさに石田忠《いしだただし》が明らかにしてきたように、原爆の被害に苦しんできた被爆者は、その苦しみと悲しみのなかから原爆を否定する考えを育んできました。一九五〇年代の半ばから被爆者たちが原爆被害への償いを求めて、運動を続けてきた背景には、こうした人間としてのドラマがあったのでした。

ただ被爆者として自らの思いをどう表現するかは、実にさまざまなかたちがありました。被爆者援護法の制定に向けて一心にがんばり続ける人たちがいました。またそれと同時に被爆体験を語る人、描く人、自分史を書く人、いろいろな表現がありました。その一方で、被爆者として社会への発言をせず、自らの被爆体験を表現しない人もとても多くいたのです。

しかし、それらの人たちが原爆を否定する思いを持たなかったわけではありません。沈黙を貫き通すなかで、精一杯そのことを訴えたかった人、自分の子どもにも被爆体験を語らずに亡くなっていった人たちが多くいるのです。それらの人のことも忘れることはできません。

一九九五年の時点では、被爆者健康手帳を所持する三二万三四二〇人の人たちがいました。それらの人びとの原爆への思いは共通していても、その考えを表現するかしないか、どう表現するかはいくつもの選択がありました。そして一六年が経過する現在、被爆者健康手帳を所持する人びとの平均年齢は七六歳を超え、総数は約二二万人に減っています。

たとえ夢は実現しなくても

被爆五〇年の時点で、平一はすっかり健康を損なっていました。入退院をくり返して、生きるのに精一杯でした。人生の終着点を意識せざるをえない時期でした。

平一が若き日に抱いた願い、原爆被害者の救援はいかに実現したのでしょうか。

被爆者援護法という名称の現行法がまがりなりにも制定されるまで、約四〇年という歳月がかかりました。国家補償という観点を否定しているので、いまだに平一の夢は実現していないともいえます。原爆医療法で始まった「認定制度」が非常に多くの問題を抱えてきたことも、この間の原爆症認定訴訟のなかで明らかにされてきています。

日本人以外の被爆者を救援するという点はどうでしょうか。長い歳月を経て状況は変わってきました。韓国・朝鮮人をはじめとした外国人被爆者について長らく関心が低く、たとえば在韓被爆者についても平岡敬《ひらおかたかし》、深川宗俊《ふかがわむねとし》、鎌田定夫《かまたさだお》らが先駆的に問題提起するまでは、放置されていました。その後一九七二年、被爆者健康手帳の交付を求めて孫振斗《ソンジンド》が提訴し、七八年に勝訴が確定。外国居住の外国人被爆者でも来日すれば被爆者健康手帳が交付されることになりました。今では諸手当の申請は居住国でもできます。ただ、核実験による世界の被爆者を救援することは、さらに長い道のりが必要です。

根治療法を解明し世界のヒバクシャを救援する医療研究センターの設置はどうでしょうか。これは実現したとはいえません。平一は母校の早稲田大学が医学部を新設し、そこにこのセンターが設置されることを夢見ていましたが、実現にはいたりませんでした。ただチェルノブイリ原発事故で生み出されたヒバクシャの治療に広島の医師も大きな貢献をするなど、国境を越えた努力は今も続いています。

そして世界のヒバクシャを救済する世界被団協の設置という平一の夢も至難の業です。世界各地のヒバクシャは、孤立した闘いを余儀なくされている人が少なくありません。それればかりか、日本被団協の全国の組織も担い手が高齢化しており、組織と運動の継続が少しずつ困難になってきています。

こう見てくると、平一の願いをすべて実現することが、とてつもなく困難であったことは明らかです。それは平一の挑戦が失敗だったことを意味するでしょうか。

たしかに実現可能な願いを持ち、それを着実に達成していく人生も立派でしょう。ただ、たとえ確実な見通しがなくても、自分の信じる夢を持ち続け、たとえ夢がかなわなくても最後まで努力することは決して恥じることではありません。

平一の生き方は、夢を見続けることの大切さをあらためて教えてくれます。そして平一の抱いた夢は未来を見通したものでした。その夢を実現できるかどうかは、後進たちに託されています。

平一だけではありません。平一が日本被団協の役員を離れた以後も、国家補償による被爆者援護法を求めて必死に運動し続けた人たちを、私は忘れることができません。なぜあの長い闘いに勝利できなかったのかと自問しながら、人生を終えていった被爆者を思い起こすのです。

しかし、もし被爆者たちが原爆被害の実相を訴え、国家補償による被爆者援護法を求め続けなければ、広島・長崎をくり返すな、核兵器をなくそうという声が日本列島の津津浦浦にまで広がらなかったでしょう。被爆者たちの努力がむだであったとはいえないと思います。

平一が最後まで願ったことと、平一の願いを受け継いで被爆者援護法を求め続けて苦闘した人たちの努力は、決して無関係ではなく、ゆるやかにふれあっています。そして、そのことの意味は世界史の流れのなかでさらに明らかになります。

世界史の流れを非核へと転換する

広島、長崎に原爆を投下する直前の一九四五年七月、アメリカはニューメキシコ州アラモゴードで世界初の原爆実験をおこないました。戦後もアメリカは、一九四六年にはマーシャル諸島のビキニ環礁《かんしょう》で一九四八年にはエニウェトク環礁で核実験を開始しました。そして一九四九年八月には、ソ連が初の原爆実験をおこないました。一九五二年にはイギリスが、一九六〇年にはフランスが、六四年には中国が核実験を始めました。広島、長崎以降も世界で核開発は続けられ、核実験はとどまるところを知りませんでした。しばしば、日本は「唯一の被爆国」と言われますが、この表現は見直していく必要があります。たしかに、日本は戦争で核攻撃を受けた唯一の国です。しかし被爆者は日本人だけではなかったのです。また原爆が広島に投下される以前から、アメリカでは核開発・核実験によって、被爆者が生み出されていました。核実験による被爆者は、その後多くの国で生み出されてきました。

アメリカとソ連が先頭になって、核実験がくりかえされたのが戦後の歴史でした。現在に至るまでに、核保有国による核実験が戦後二〇〇〇回以上もくりかえされ、地球上の核兵器は現在も二万三〇〇〇発近くに達しているのです。

現在、世界の核問題で深刻なことは、核拡散がかつてないほど広がり、核の脅威が強まっていることです。アメリカとソ連（当時）が核開発を主導的に進めた一九八〇年代までとは違って、現在は状況がいっそう複雑になっています。

核保有国はさらに増えました。今やアメリカ、ロシアなどの核大国だけが核の脅威ではありません。中国、インド、パキスタン、イラン、北朝鮮、イスラエルなどの核開発の行方も憂慮すべき状況になっています。

戦後の世界で、日本は独自の位置を占めました。戦争放棄をうたった憲法第九条を持っている日本は、戦争に直接参加せずに戦後六六年を迎えようとしています。それはとても貴重なことです。しかし憲法九条と並んで、日米安全保障条約の存在も忘れてはいけません。日米安保体制によって核密約が存在し、アメリカの「核の傘」のもとにいる道を日本は選びとってきました。その一方で、日本は非核三原則を国是として歩んできました。そして日本の軍事費は巨額ながらも、GNP（国民総生産）との関係では相対的には低く抑えられたことも一因となり、何よりも優秀な技術力が牽引することで日本は高度経済成長を果たしました。また朝鮮戦争が経済復興を推進し、ベトナム戦争により高度経済成長が加速されたことも忘れられません。日本はアメリカの関与する戦争を支えて密接にかかわってきたのです。

日本の平和を考えるうえで沖縄が鍵を握っています。戦後の出発期に、憲法九条と引き換えにするように沖縄の軍事要塞化がアメリカによって進められ、「銃剣とブルドーザー」という暴力で沖縄の人びとの土地は略奪されました。国土の〇・六パーセントしかない沖縄県に全国の米軍基地の約七五パーセントが今もおかれ続けています。

日本はこの先、どのような平和を選び取っていけばよいでしょうか。憲法九条と日米安保条約との関係をどう見るかの一つをとってもきわめて難問です。しかし、私たちは複雑でむずかしい問題を考え続けることをやめてはいけないと思います。

戦後六六年の歴史において、世界から戦火が消える日はありませんでした。ただ、広島、長崎以降に核兵器が戦争で使用されなかったことは特筆すべきです。朝鮮戦争、キューバ危機、ベトナム戦争、中台危機など、核兵器の使用が何度も検討されましたが、中止されたのです。

もしアメリカをはじめとした核保有国の指導者が、核兵器の先制使用を決断すれば、広島、長崎に続く第三の核戦争の惨禍がひきおこされるはずでした。その悪魔の決断を避けることができたのはなぜか。一つには、核大国の指導者が決断できないほどに、原爆は非人道的で最悪の兵器だということです。しかしそれと同時に広島、長崎で何が起きたかを世界に訴え続けてきた人びとの努力があったことも無視することはできません。

ヒロシマ、ナガサキをくり返すなという訴えに対して、それを「核アレルギー」と冷笑する人たちがいます。しかし、もしその「核アレルギー」が存在しなければ、戦後の世界で実戦において核兵器が使用されたかもしれないのです。

私たちは被爆国の一員です。大いに「核アレルギー」を持ち続けるべきではないでしょうか。そして核兵器に依存することが平和への唯一の道であるという考えに、疑問を投げかけていくべきではないでしょうか。

二〇〇九年のノーベル平和賞は、アメリカのオバマ大統領に授与されました。核なき世界を訴える演説で国際的な支持を集めたことが理由の受賞ですが、核なき世界をつくっていくのは世界の大国の指導者だけではありません。私たち市民がどのように行動していくかも、決して無視できることではないのです。

そしてこの二〇一一年に、私たちは原子力発電所をはじめ原子力（核エネルギー）の平和利用という道を、今後とも選択していくべきかどうかの岐路に立たされています。

世界史の主人公の一人として

「広島、長崎の庶民の歴史を世界史にする」ということばを平一は心から愛しました。このことばの意味をあらためて考えてみたいと思います。

原爆投下は、広島、長崎を世界史の現場に立たせることになりました。核戦争という人類史始まって以来の悲劇は、原爆が悪魔の兵器であることを示しました。しかし閃光と熱線と爆風と放射線を浴び、炎のなかを生き残った人たちのなかから、沈黙と孤独を乗り越えて、原爆被害者として自らの苦しみを訴える人びとが出てきました。

やがて広島、長崎の市民だけではなく、広島、長崎に心を寄せ続ける人びとは全国へ全世界へと広がりました。その人たちの祈りと思いもあわせて、「ノーモア　ヒロシマ・ナガサキ（広島、長崎をくり返すな）」という声は高まったのです。

被爆者は、八月六日（広島）と九日（長崎）を証言する証人としての役割を、いつも求められてきました。ただ、「あの日」を何とか生きのびることができた被爆者は、「あの日」からの日々を生きました。「あの日」の苦しみだけでなく、「あの日」から後の新たな苦しみも抱えて生きてきたのです。もちろん生き続けてきた日々のすべてが苦しみと悲しみだけであったとは言えません。生きてきてよかったと感じる一時があったことでしょう。その一方で、苦しみと悲しみが消えることもなかったのです。

平一も、最初から被爆者（原爆被害者）の苦しみをすべてわかっていたわけではありません。しかし、ともに立ち上がろうと呼びかけるなかで、平一は原爆被害者をさらに深く理解するようになりました。そして「まどうてくれ」と原爆被害者に対する国家補償を求めた人たちの存在を、平一は終生忘れることができませんでした。

たくさんの苦しみを乗り越え、ときには「生きてきてよかった」と思う被爆者の人生こそ、世界史の一頁に記録されてほしいと平一は考えたのです。

同じ道を歩んだ人びととともに

平一が社長業を離れて、原爆被害者の運動と原水爆禁止運動に没頭した時代は、まだ日本が貧しく人びとの生活も困難な時代でした。原爆被害者たちが孤立し、沈黙を余儀なくされていた状況から抜けだし、社会に向けて訴えるには勇気が必要でした。そして原爆被害者とともに起ち上がった平一は、さんさんと輝く太陽の下を歩いてきたわけではありません。あるときには、深い霧の立ちこめるなかを試行錯誤しながら歩きました。お金と名誉のための道ではなかったのです。

しかし幸いなことに、若き平一が挑んだ道には、先人として道を切りひらいた人がいました。ともに歩む多くの仲間たちがいました。それらの人たちは、被爆者運動や原水爆禁止運動のなかで期間の長さにかかわりなく、かけがえのない輝きを放った人たちです。

年長である森瀧市郎は、長く日本被団協のリーダーであり、同時に原水禁の指導者、広島県被団協理事長として活動を続けました。竹内武は広島で多くの人たちが被爆者健康手帳を入手するために大きな貢献をしました。

もう一つの広島県被団協の理事長を務めた佐久間澄は原水協の重鎮として長く運動に貢献しました。しばしば平一宅に泊まり込んだ庄野直美はその後も残留放射能の研究を続け、被爆者運動が活力をとりもどしていくためにも貢献しました。

山口仙二、渡辺千恵子をはじめとする長崎原爆青年乙女の会の会員たち。阿部静子、池田精子、伊藤サカエ、村戸（現姓、高野）由子ら広島の被爆者たち。この人たちも平一と深い縁で結ばれていました。

このように被爆者運動、原水爆禁止運動にかかわった人たちで、平一との出会いがある人を数えていけばきりがありません。それは被爆者ではない平一が、一心に被爆者のために尽くすことによって培われた人間の絆でした。平一もその一角に連なっている、被爆者への国家補償と原水爆禁止を求めた人たちの山脈は、実に広大で山の裾野《すその》は遠くまで広がっています。

被爆者への国家補償と原水爆禁止を求める山脈には、研究者やジャーナリストも連なっています。平一と縁を持つ人びとがここにもいます。

平一は、運動の第一線にいた時代について、信頼する歴史研究者・宇吹暁に、貴重な証言と資料を託しています。宇吹は、その記録を「まどうてくれ」として発表しました。宇吹は被爆者問題や原水爆禁止運動、広島の戦後史について多くの論文を持つ歴史研究者として、平一とは長年の交流が続きました。

もう一人、舟橋喜恵も平一からインタビューを重ねて、精緻《せいち》な記録を残した研究者です。舟橋は原爆被害者相談員の会の中心として、被爆者とともに歩んできました。

「広島、長崎の庶民の歴史を世界史にする」うえで、平一が大きな期待をかけたのはジャーナリストでした。広島の地で原爆報道に献身してきた中国新聞そして各社の担当記者も、平一がその時代に放っていたエネルギーをもっとも至近距離で知っていた人たちです。これらのジャーナリストは被爆者の苦しみ、原爆の惨禍を世の中に伝えていくうえできわめて大きな貢献をしました。

そして平一が初代事務局長を務めた日本被団協のことも忘れてはいけません。

創立五〇年を記念して日本被団協が刊行した『日本被団協50年史　ふたたび被爆者をつくるな』には、平一の足跡が記されています。「藤居平一の視野」として、広島原水協が被爆者救援委員会を設け、平一が委員長になった時期からさかのぼって、平一が「原爆被害者の組織を立体的に考え、▽原爆被害をまどう（償わせる）ための組織▽広島県の全県組織▽長崎をはじめとする各県の組織▽そしてそれらを通じての全国組織結成――を展望していた」と紹介しています。さらに平一が「ビキニ水爆実験の被災者、広島、長崎で被爆して海外に帰り、また戦後に移住した在外被爆者、世界の核実験被害者の結集、『国際被団協』まで視野に置いていた」と紹介しています。日本被団協の出発期に平一が余人《よじん》をもって代えがたい役割を果たしたことが記録されました。日本被団協は、平一を忘れなかったのです。

川の流れは絶えることなく

若い読者の皆さんにぜひ知ってほしいのは、平一が情熱を傾け、その後も多くの人びとが願ってきた原水爆禁止（核廃絶）と被爆者への国家補償、被爆者との連帯を求める人びとの動きは、今も絶えることなく続いていることです。

被爆者の唯一の全国組織である日本被団協は活動を続けています。九四年に制定された被爆者援護法を改正して、国家補償の精神に裏づけられた正真正銘の被爆者援護法を実現したいという願いを今も持ち続けています。

一方、原水爆禁止運動での分裂は今も続いています。一九七〇年代の後半から、しばらくの間、世界大会を統一して開催する時期が続きましたが、八六年からはそれも中止され、現在にいたっています。ただ原水爆禁止運動の専門団体だけではなく、生活協同組合や女性団体や青年団体や宗教者などのさまざまな団体はもちろんのこと、広範な市民が独自の運動を進めていることに注目したいと思います。

戦後六六年の現在でも原水爆禁止運動が続いているのは、一方では核廃絶への道が困難なことを示しています。しかし、その一方で広島、長崎をくりかえしてはいけない、核が世界の脅威となっている現実を変えたいと願う数えきれない人たちがこの運動を支えてきたのです。

半世紀以上続いているこの運動は巨大な山脈にたとえられます。そして太田川のような川の流れにたとえることも可能です。決して小さな流れではありません。

もし川の流れにたとえるならば、いまだに一本の大河として滔々《とうとう》たる流れになっていないことは、とても残念です。やがて大河としてよみがえる期待を捨て去ることもできません。ただ、仮にその夢が実現できないにしても、太田川が六本の川に分かれながら海へ注ぎ込むように、川の流れ自体をさえぎることはできません。

運動の分裂が続き、何本もの川の流れに分かれている現状があるなかでも、市民一人ひとりが抱いている反核への願いを行動に表現していくことは可能です。

たった一人が発信する声も、軽視しないような態度が運動全体に求められていると思います。意見の違いを認めつつ、お互いを尊重していくことこそ、平和を願う人びとに求められています。

その第一歩として、「自分たちだけが運動の本流である」というようなお馬鹿なことを言わないことを最低限のマナーとして皆で守っていきたいと思います。

第一一章　人間の絆を愛し続ける

恩師への感謝の念を忘れず

中学時代にお世話になった曽田先生は、藤居平一にとっては生涯忘れることのできない恩師でした。

戦後、平一ら広島高等師範学校附属中学の二四回生の同窓会には、担任の曽田先生（北組）、及川儀右衛門《おいかわぎえもん》先生（南組）をお招きし続けました。

一九七二（昭和四七）年一一月には曽田先生が米寿《べいじゅ》を迎えることになっていました。平一と親友の戸井正典《といまさのり》の二人が世話人になって、アカシア会有志として胸像を贈呈することにしました。曽田先生の郷里、愛知県豊川市にある胸像には、財界のリーダーとして著名な桜田武（第一二回生）による曽田先生の功績を称えた文章が刻み込まれています。

また七三年には、及川先生の金婚式をお祝いしようと、やはり平一と戸井正典が世話人になって、及川先生が長年研究されてきた『吾妻鏡《あずまかがみ》』に関する学術書の出版のためにアカシア会有志として醵金《きょきん》をお届けすることにしました。及川先生は七四年に亡くなられましたが、その遺著『吾妻鏡総索引』は刊行されました。戸井は「あとがき」で平一が事務局長となり「アカシア会の有志の幅広い好意に支えられて」出版が実現したことを記しています。被爆者の及川先生は、東京の被爆者団体・東友会の役員も長く務めました。

以上の二つのエピソードは、平一たちが恩師への感謝を忘れずに、立派な恩返しをしたことを示しています。

平一は、アカシア会（現、広島大学附属中学・高校同窓会）の先輩・後輩たちからたいへん世話になりました。日本被団協の事務局長時代にも、アカシア会の人脈を頼りに多くのアドバイスを受け、とりわけ一期下の村上孝太郎が原爆医療法の制定に貢献してくれたのでした。

平一はその恩を決して忘れない男でした。一九七一年、村上孝太郎が参議院選挙に自由民主党から立候補することになりました。「走れコウタロー」という当時の流行歌にあやかって、選挙戦は始まりましたが、新人候補にとって初めての選挙は難関です。平一は候補者の村上の身代わりとして、宣伝カーの上から聴衆に手を振り続けました。

平一はどの政党からも一定の距離を置いていた人です。自由民主党を支持していたわけではありません。ただ、被爆者を救援する第一歩である原爆医療法の制定のために、官僚として誰よりも努力したのが村上です。だからこそ平一は応援を惜しまなかったのです。そして選挙の結果、村上は当選を果たしました。

何よりも語らいが好きだった

世界一の長寿国になった日本ですが、昔は「人生五〇年」と言われていました。日本人の平均寿命は五〇歳に到達していなかったのです。まして原爆の犠牲になった広島では、小学生、中学生でも多くの人たちが帰らぬ人となりました。

平一がアカシア会で恩師や同窓生たちのつながりを大切に考えていたことは、戦争の犠牲と関係があることは、先にも書きました。戦後は新しい出会いが生まれる時代でした。そして父・完一の考えを受け継ぎ、周囲の人たちのために尽くすことが美徳であると、平一は幼いころから考えていました。同窓生のために平一が尽力した理由はそこにもあったのでしょう。

でも一方で、私は思い直します。ただ義務感だけで平一は他人のために尽くしたのでしょうか。元気だったときの平一は、酒量を誇ったといいます。やはり平一自身が酒杯を手にして仲間たちと談笑したかったのではないでしょうか。親しい仲間だから話せることがあります。周囲の人間に対して、人間的な関心を持ち続けることができるのが平一の長所でもありました。

母校の中学で同じクラスで学んだ人たちの語らいを平一はとりわけ大事にしました。戦後のある時期から平一は、自宅を提供してかつてのクラスメートに毎年一度集まってもらいました。決して会費を徴収しませんでした。貧しかった時代に一人でも気楽に同窓会に出席してほしいという平一の強い願いでした。妻の美枝子は、工夫を凝《こ》らした手料理とお酒の準備でいつもてんてこまいでした。

平一は、どのような場所においても原爆や被爆者について話したわけではありません。むしろクラス会などではその話題を意識的に控えていたふしもあります。クラス会での話題は学校時代の思い出や友人たちの近況が一番です。そこから話は始まり、お互いの仕事や人生観について語り合うのです。平一は時間のむだなどと思わず、それに没頭して楽しく酒を呑める人でした。

ビールを手に談笑がはずむときに、あるときには眼光《がんこう》鋭く、あるときは慈愛に満ちたまなざしで平一は語るのでした。体格に恵まれている平一は座っているだけで迫力があります。そして平一の話が熱をおびるとき、酒席はしずまりかえり、そのことばに友は耳を傾けました。

一番の親友たちと語らうときには、平一は自分の人生のテーマである被爆者の問題についてしばしば語りました。

夜がふけて、酔いがまわってくると平一は「おおい、わかってくれるだろ」と友に語りかけます。相手のことばに「悪かった、悪かった」と平一は答えます。酔うにつれて酒席で涙を流すこともときにはありました。

「人生劇場」という歌を、平一は愛しました。

やると思えば　どこまでやるさ
それが男の　魂じゃないか
義理がすたれば　この世は闇だ
なまじとめるな　夜の雨

早稲田大学の先輩である尾崎士郎が書いた『人生劇場』は、平一の青年時代に発表され人気を集めました。すぐに映画化され、主題歌となったこの歌は早稲田大学第二校歌の異名も持っていました。

この歌を口ずさむことはたやすいことです。でも、この歌詞のように生きることは、なかなかむずかしいことです。しかし、平一は挑戦し続けました。どんなに困難であっても、自分が願ったことを追い続けること、そして他人への義理を重んじること。それが平一の生き方でした。あまりにも一途《いちず》で、周囲の人たちを心配させることもよくありましたが。

この生き方が平一のなかにどっしりと根を張っていたからこそ、町内会、クラスの親睦会、アカシア会、早稲田大学同窓会（稲門会《とうもんかい》）、そして被爆者運動にいたるまで、どんな場でも平一はリーダーであり続けたのだと思います。

「組織なくして運動なし」と平一はつねづね語っていました。それは平一の人柄からも理解できそうです。平一は組織の責任者として、ぐいぐい人を引っ張っていくことも得意でした。しかし、自分が何も苦労しないで、ただ脚光をあびたい、いばりたいというタイプのリーダーではありません。自ら裏方としても大いに汗を流しました。舞台裏で苦労する人たちの気持ちもよくわかっていました。平一の根っこには、人間が好きで、とことん友と語り合うのが好きという性格がありました。

母校の名を胸に刻んで

アカシア会は、今も活発な同窓会活動をおこなっています。これほど頻繁に行事をおこなっている同窓会は、全国にも例を見ないのではないでしょうか。なぜ活発なのかというと、一つにはそもそも生徒の人数が少なく、まとまりがよかったということ。二つには、どの時代も生徒の自主性を尊重した自由な校風を持ってきたこと。第三に、卒業生たちが各界で大いに活躍し、卒業後も刺激しあっているということが挙げられそうです。

その「アカシア」第四一九号では、平一の号令のもとに母校の創立七〇周年記念式典の演出を務めた新井俊一郎《あらいしゅんいちろう》（当時、中国放送ラジオ制作部長）が思い出を語っています。

平一の同級生であった勤務先の専務からの指示で、新井は記念式典の演出を担当することになりました。初めて会った平一から「盛大かつ感動的な演出を期待する」と言い渡されましたが、式典の原案を示されると、何と何時間もかかるような内容ではありませんか。

驚いた新井は、「こんな盛りだくさんでは式典などできません」と人先輩の平一に異議を申し立てますが、平一は絶対にゆずりません。「できなくてもやれ」とドスの効いた声でくり返すばかりです。新井はどうしたらよいかと途方にくれました。

それからしばらくたって、新井が機転を利かして、来賓挨拶をインタビュー方式にして大幅に時間を短縮する案を考えました。恐る恐るその案を示すと、平一はなるほどと納得しました。そして思いのほか、柔軟な姿勢で新井の名案を讃えたのです。式典は大成功しました。

新井は初対面の平一の圧倒的な迫力にたじろいでしまったことを語っています。

平一がいつでも誰に対しても、ただやさしく親切な人だったならば、このような顔を見せる必要はありませんでした。原爆被害者の人たちに対して示したあたたかな配慮とやさしいことばとは少し違います。でもこのエピソードに示されているがんこな性格ときびしさ、そして最後に見せた柔軟な判断と決断力も平一の一面でした。

たかが同窓会や母校の記念式典のことで、なぜそんなに熱くなるのかと思う人がいるかもしれません。でも熱血漢である平一にとって、母校の創立七〇周年の記念式典にかかわるというのは、自らの人生がかかった大事件でした。それだけに失敗は許されないことでした。

平一は最晩年までアカシア会の活動にかかわり続けました。「アカシア会物語」をぜひ誰かに執筆してほしいと熱望していました。創立八〇周年の記念行事でも重責を担い、九〇周年行事にも杖をついて出席しました。

読者の皆さんのなかには、自分は中学でも高校でも学校という場に愛着を感じられなかったという人もいるでしょう。同窓会が開かれても出たくないし、いつまでも昔の友人にしがみついているのはおかしいと思う人がいるかもしれません。

それもたしかに一つの考え方だと思います。ただ十代のときにはそう思っていても、四十代、五十代と歳月を重ねるなかで、同窓会という場も捨てがたい味わいがあることに気づくことがあります。

平一と同窓生たちは、母校の思い出と人間の絆を大事にしたいと、アカシア会という同窓会を終生大事にしていました。そして歳月が流れるなかで、一人また一人と会から姿を消していきました。

広島を愛し続けた男

藤居平一は広島に育まれ、人生の大半を広島で過ごしました。広島への強い愛着は、地元の産物をとことん愛し続ける姿勢にも示されていました。

瀬戸内海が育む魚を平一は何よりも好みました。なかでもタイのかぶと煮が大好物でした。魚は骨までしゃぶりつくすほどきれいに食べるのでした。

友との語らいの場で欠かせないアルコールの好みも一途でした。ビールが好きだった平一は、広島に工場を長く持っていたキリンビールだけを飲み続けました。このビールを備えている居酒屋でなければ絶対に入りません。見つかるまであきらめずに探し回ったそうです。

夜がふけても「もう一本だけ」と何度もくりかえしては、ビールグラスを片手に友との談笑を楽しみました。後に、体調の悪化でビールを飲めなくなったことは寂しいことでした。

車も、もちろん広島で生産されるマツダ車だけを愛しました。自分では運転しないのに、他の会社の車で迎えに行くとごきげん斜めになりました。

地域の産業を地元で支えなければ、誰が支えるだろうかと平一は思っていたのでした。そして一度好きになると、とことんほれこんでしまうのでした。

平一の名前は、「もみじまんじゅう」をくれたおじさんとして今も人びとの思い出のなかに生きています。広島で人を訪ねるときにも、もみじまんじゅうを欠かさなかった平一です。こだわり派の平一は宮島のもみじまんじゅう、自らと同じ名前の店「藤い屋」をひいきにしました。大蔵省や早稲田大学など東京へ行くたびに、あまりにも多くのもみじまんじゅうをおみやげとして持参するので、駅の構内で赤帽に運ばせることもありました。もみじまんじゅうの支払いが月に何万円になろうと、そんなことは気にしない豪放な人柄でもありました。

また早稲田大学の後輩に寄せたエッセーのなかでは、原爆を乗り越えた都市である広島でぜひ仕事をしてほしいという希望を綴っています。平一は、広島が豊かな都市になったことだけを誇りにしていたわけではありません。原爆の惨禍を乗り越え、人びとの力で街がよみがえり、原爆があっても絶たれなかった友情を誇りにしていたように思います。

義侠心を持つ経営者として

平一の性格は、実にはっきりとしていました。少年時代からそうであったように、人にどんなに憎まれても言いたいことを言う性格でした。相手が偉いからといってへりくだったりしません。むしろ相手が偉ければ偉いほど、がんこなまでに自分の主張を貫き通しました。

世の中には人から嫌われることを恐れて、すぐに妥協してしまう人が少なくありません。むしろそのことが大人になった証明として、評価される場合も多いほどです。だからこそ、嫌われることを恐れなかった平一の性格は、とても貴重です。

一方で、弱い立場に追い込まれた人たちを守ろうという平一の姿勢は一貫していました。義侠心とは弱きを助け、強きを挫くという心根です。平一は義侠心を失うことなく、生涯をかけぬけていきました。

生涯にわたって被爆者のことを考え続けた人間として、戦争と原爆を許さないという思いを強く持ち続けました。そして自らも陸軍航空部隊の一員として中国大陸に従軍した者として、中国への侵略戦争に対して、中国人に対してわびたいという気持ちを長く持ち続けました。

経営者としてはどうだったでしょうか。会社を経営していく条件とは、お金もうけの能力だけでしょうか。それだけが条件ならば、平一は一流の経営者ではありませんでした。もちろんお金をもうけ続けることには大いなる苦労があって、才能と力を必要とすることは明らかです。決してそれを軽蔑することなどできません。多くの経営者は、お金をもうけて会社を守ることで精一杯なのですから。

平一は少し変わった社長さんでした。とことんお金をもうけることには、あまり価値を見出しません。「金もうけはきらいじゃ」というのが平一の口癖でした。楽してお金を手にできることがわかっていても、そっぽを向いてしまうことがありました。

自分はお金もうけだけに価値を見出しているのではない。経営者として社会に貢献していくのだという決意が、平一を支えていたように思います。

そして自分は二〇年先を見通しているのだというのが、平一の自負するところでした。戦後の早い時期に地元で神崎保育園を設立し、長く後援会長として保育園を支えてきたことも、やがて必ず保育園が必要になるという平一なりの見通しがあってのことでした。

本格的なゴルフブームの始まる以前に、「やがてゴルフ場の環境破壊が必ず問題になる」と口にしていました。平一は、自分の賢さを自慢することはありませんでしたが、いつもよく勉強し、よく考える人でした。

三人の娘の父親としては、どうだったでしょうか。平一は娘たちの人生を尊重していました。家業の存続を第一に考え、婿をとって家業を継ぐように娘たちに命じることはありませんでした。また自らが東京での大学生活を経験して得ることが大きかったという思いがあって、三人の娘たちにはぜひ東京の大学で勉強するようにと勧め、三人とも東京での大学生活を過ごしました。「東京に行ってよかったじゃろー」と平一は満足そうに娘たちに語ったそうです。娘たちは、両親の暖かい配慮のなかで、恵まれた娘時代を過ごすことができました。

母校早稲田大学に寄せる平一の思いは、格別なものがありました。平一は大学の名誉賛助員、商議員という役についていましたから、ただのOBではありません。母校への強い愛着は、誰にも負けないものでした。ただ、ここでも経営者としての自負と自覚があったように思います。幾多の困難を乗り越えて立派に事業に成功してきた経営者として、責任を持って社会貢献せねばならないという自覚が平一を突き動かしていたのではないでしょうか。

母校への寄付金を集める事業も、社会的地位の高い大学ＯＢには大いにハッパをかけて、平一は必死に寄金活動にとりくみました。人様にお願いするだけではなく、平一自身も巨額の寄付をしたと言われています。

早稲田大学にとって、創立百周年の直前はいくつかの困難が重なって、かつてないピンチの時期でした。そのようなときこそ、母校を支えなければならない。平一は燃えるような思いで母校のために汗を流したのでした。

読者のなかには、平一はお金持ちだったからあれもこれも可能だったのではないかと思う人がいるかもしれません。たしかに平一はお金持ちでした。祖父の代、父の代からも、それなりの財産と事業を受け継ぐことができた点でも恵まれていました。とてもうらやましく思います。

しかし、世の中には、お金持ちであるがゆえに、平一とはまるで違う生き方をする人が少なくありません。その点で、平一の生き方は見事だと思うのです。

自分がどれだけ多くの人を支えてきたのか。原爆被害者の救援や原水爆禁止運動にどれだけ巨額のお金を出してきたかについて、平一は決して語りませんでした。そして懐具合のきびしい友のためにごちそうすることなど、平一は何とも思っていなかったのです。

それは父・完一から受け継いだ生き方でもありました。藤居銘木店のまわりにおかれている雑木を、戦争中の燃料不足の時代には近所の人たちに使ってもらいました。そのことを完一は少しも自慢げに語ることはありませんでした。

戦後初期のまだ貧しい時代には、近所の人たちが平一の家に何とか生活を助けてほしいと訪れることがありました。妻の美枝子はじっくりと話をきいたうえで、握り飯を作って手渡してあげるのでした。平一が父から受け継いだ生き方を、妻もしっかりと共有していたのでした。


平一は強靱な精神力を持ち続けていましたが、かなり長期間糖尿病を患い続け、七〇歳を越える頃から身体はすっかり衰えて、やせてしまいました。好きだったもみじまんじゅうも、ビールも口にすることができないばかりか、遠方に行く場合にはもしものことを考え、妻の美枝子が同行するようになりました。

糖尿病の合併症は、全身を蝕みました。美枝子が長いあいだ食事療法に力を入れてきたことと、新薬のおかげもあって、平一は辛うじて若死にすることを防ぐことができました。しかし後には、何度も生命の危機にさらされました。そして危篤状態になっても、なんとか命を取り留め続けました。晩年にはガンとの闘いも始まりましたが、このままでは死ねないという思いが平一の命を長らえさせたのでしょうか。

どうしてもまだ生きていたい。平一には、自分が社長として率いてきた銘木店を閉じたくないという思いがありました。家族からは、「店を閉じて、療養に専念するように」と説得されていました。跡継ぎはいませんでした。自分が退けば店が終わりになってしまうことを平一はよく自覚していました。平一はどうしても続けたいと言い続けました。

もう一つは、被爆者の救援のために願い続けてきたことが、まだ実現の途上にあるということでした。国家補償の精神にもとづいた被爆者援護法の制定、世界被団協の結成、世界のヒバクシャを救援する医療研究センター、これらを実現したいという強い思いがぜひとも生き続けたいという意欲の源となりました。

晩年の平一は、「まほろば」ということばをよく口にしていたと従業員の高瀬正子はいいます。それはなにがしかの理想郷を意味していると思えます。どのような世界を描いていたのでしょうか。

幼かったときの本川の美しい流れが平一の脳裏をよぎったことでしょう。そして原爆で廃墟と化した広島の思い出、敗戦後の困難な生活、原爆被害者とともに起ち上がって、時代の先駆者として全力を出した疾風怒濤《しっぷうどとう》の日々。

苦労をともにした妻の美枝子、そして今や美しく成長した三人の娘たち。家族一人ひとりへの思いとともに、平一はどこに「まほろば」を見出していたのでしょうか。そして平一が終生、忘れることのできなかった被爆者たちにとって「まほろば」とは何だったのでしょうか。被爆者にとって、亡くなった友が生きてかえってくることは望めません。傷ついた身体が完全に元に戻ることもありません。それでも、どうしてもとりもどせないものを、少しでもとりもどすことを願って生きた被爆者たち。彼ら、彼女らと思いを一つにしたことが、平一にとって生の証《あかし》でした。

平一の人生最後の日がやってきました。危篤状態を乗り越えて、生きることに執念を燃やしてきた平一が、人生を終えたのは一九九六（平成八）年四月一七日です。享年《きょうねん》八〇歳。奇しくも、母校広島高等師範学校附属中学の創立記念日でした。

新聞各紙は、平一が若き日から奔走した被爆者運動での功績を記しました。

四月二〇日の葬儀には、藤居銘木（株）を支えてきた人たち、アカシア会や早稲田大学同窓会の人たち、そして被爆者運動、原水爆禁止運動で平一とともに歩んできた人たちが最後の別れを告げるために集まりました。

同級生の廣安晴通《ひろやすはるみち》、早稲田大学総長の奥島孝康《おくしまたかやす》、中国新聞論説委員の田中聰司《たなかさとし》による弔辞はいずれも真心がこもっていて、参列者の胸を打ちました。
出棺のときに、早稲田大学校歌「都の西北」が流れました。

集り散じて人は変れど
仰ぐは同じき理想の光
いざ声そろへて　空もとどろに
われらが母校の名をばたたへん
わせだ、わせだ、わせだ、わせだ

人びとが涙するなかで、平一の棺を乗せた車は静かに動き出しました。

おわりに

本書を執筆している間に、夢のなかで藤居平一さんから何度となく叱られることがありました。あるときは「もっと取材をせにゃだめじゃ」、またあるときは『早稲田の卒業生ならば、母校に愛情を持たねばだめじゃ』。いずれも、私が何度か謝ると、藤居さんは許してくれました。そして夢からさめた私は苦笑するのでした。

ただ残念なことに生前の藤居平一さんと、私は一度もお目にかかる機会がありませんでした。すでに一九八〇年代の半ば頃、反核運動の先達から広島に藤居さんという快男児がいることを聞かされていました。当時読んだ何冊かの書物には藤居さんの名前が記されています。しかし、ご本人に一度もお会いする機会はないまま、やがてお名前を聞く機会もなくなっていきました。

私が藤居さんを強く意識するようになったのは、わずか六年前のことです。宇吹暁先生（当時は広島女学院大学教授）が藤居さんについてお話しされたときに、初めてこの人についてもっと知りたいと思ったのです。その時点で、藤居さんが逝去されてから九年の歳月が流れていました。

私は、藤居さんの追悼集『人間銘木』を古書店で入手し、読みふけりました。一九五〇年代の半ばに原爆被害者が初めて社会に向けて訴えていくときに、銘木店社長としての仕事をなげうって被爆者運動、原水爆禁止運動の前進のために献身したその人生を知り、深い尊敬の念を覚えました。そして藤居さんの伝記を中学生から読める本として一冊に書きたいと思い始めました。


藤居さんが運動の最前線で活躍した時代は、私にとって伝説の時代でした。原水爆禁止運動が分裂に直面する前で、思想信条の違いを超えて大同団結していた時期だったからです。その時代へと強く誘われたのは、私なりの事情がありました。

私は一九七六年、大学一年生のときに原水爆禁止運動のなかで被爆者支援の活動に参加し始めました。なぜ反核を求める運動がいくつにも分裂しているのかを、最初から強く疑問に思っていました。八〇年代に入って、世界的な反核運動の高揚に勇気づけられ、運動のためにかなり多くのエネルギーを費やすようになった際も、「原爆を許すまじ」そして「分裂を許すまじ」という思いを胸に抱いていました。その当時、多くの仲間がそうだったように、反核と被爆者支援（連帯）のために何ができるかを一途に考えていた私は、反核運動や被爆者を主題に本を書くことを考えませんでした。研究や文筆の対象として反核運動や被爆者に向きあうよりも、運動が切実に求めている主題にとりくむ必要があると当初は思っていたのです。

しかし後に私は姿勢を変えました。反核運動や被爆者との出会いから育んできた問題意識を酵母にして、若い世代の読者が被爆者や核廃絶を考えていくきっかけになる本を書きたい。それは自らの反核運動や被爆者連帯運動でもある。そして私は、アトピー性皮膚炎の少年が被爆者と出会う物語『やんばる君』（筆名・中野慶、童心社、二〇〇〇年、現在は品切れ）を上梓しました。本書は被爆者にかかわる私の二冊目の本です。小説とはまた異質の難しさに直面しつつ、本書を執筆しました。

藤居平一さんは、初期の被爆者運動と原水爆禁止運動にかかわる証言を残しています。それを聞き取って記録し、膨大な資料を含めて編集し発表されたのが宇吹暁先生です。その後、舟橋喜惠先生（広島大学名誉教授）も精緻な聞き取りをされ、藤居さん晩年の貴重な肉声を記録されています。両先生による仕事は、被爆者運動や原水爆禁止運動の源流をたどるうえでかけがえのない意義を持ちます。本書執筆に際して、両先生のお仕事に学び、多くのご教示をいただきましたことを御礼申しあげます。

同時に、広島の戦後を記録してきたジャーナリストの仕事、運動の現場で苦闘してきた人たちの証言、手記からも多くを学びました。執筆に際しては以下の方にインタビューしてご教示をいただくことで本書を完成することができました。

藤居美枝子、本多未布子、松本三鈴、勝田晃、竹村郁子、青山晃、新井俊一郎、伊藤直子、宇吹暁、栗原育朗、栗原淑江、須藤叔彦、関口達夫、高瀬正子、高野由子、田中聰司、長松正裕、西藤義邦、舟橋喜惠、茂木貞夫、山岡哲郎、山田拓民、山村茂雄、横山照子、吉田嘉清、若林節美、アカシア会事務局

藤居さんのご夫人である美枝子様はじめご家族の皆様には貴重な写真や資料をご提供いただき、絶えず激励していただきました。それがなければ、多忙な仕事の合間に本書を執筆することはできませんでした。心より感謝を申しあげます。

また本書の編集過程で旬報社編集部の木内洋育さん、田辺直正さんから常に的確な助言をいただきました。そのことも御礼申しあげます。


いま日本社会は東日本大震災と巨大原発事故で未曾有の困難に直面しています。津波災害で住民の生きてきた場は消失しました。愛しき人たちの屍と対面した人たち、今も肉親と対面できない人たちの悲しみと無念を思います。放射能の恐怖に直面する現実もあわせて、かつて熱線と爆風と火災と放射線で壊滅した二つの都市の存在を、そして六六年前の廃墟から起ち上が

っていった人びとの苦難の歴史を想起させるものがあります。

この時代状況において、かつて被爆者とともに起ち上がり、誰よりも人間の絆を大事にして地域と社会に貢献する人生を選んだ藤居平一さんが顧みられてほしいと思います。藤居さんが逝去されて一五年が経ちます。全身全霊をかけて、時代のさきがけたらんとした生き方が、今後も語り継がれていくことを願っています。

そして同時に、被爆者(原爆被害者)へのまっとうな関心が持たれることを私は願っています。「あの日」に、そしてそれ以降に亡くなった人びと、悲しみを背負って日々を生き抜いた被爆者の生と死についてです。「まどうてくれ」という思いを胸に、決してとりもどせないものを何としてもとりもどしたいと願って、国家による償いを求め続けた人びとの運動も忘れ去られてはいけないと思います。被爆者の訴えは今もなお終わっていません。

藤居平一さんと多くの被爆者の記憶を呼び起こすために、ノーモア・ヒバクシャという思いを胸にして、核なき世界を求め続けた被爆者と市民から学んでいくために、拙著を活用していただければこれにまさる喜びはありません。

二〇一一年四月一七日

大塚茂樹

主な参照文献・資料

〔全体に関わる参照文献・資料〕

「まどうてくれ　藤居平一聞書き」（聞き手・宇吹暁）『資料調査通信』（広島大学原爆放射能医学研究所付属原爆被災学術資料センター）通巻五号～九号、二五号～二九号、一九八一年～八四年。

舟橋喜恵「日本被団協・初代事務局長　藤居平一氏に聞く」『社会文化研究』（広島大学）一六、一九九〇年。

舟橋喜恵「原爆医療法制定のころ――藤居平一氏に聞く」『広島平和科学』一九、一九九六年。

舟橋喜恵「原水爆禁止世界大会〔第一回〕――藤居平一氏に聞く」『広島平和科学』二〇、一九九七年。

（以上の舟橋論文の基になった聞き取りの記録を舟橋喜恵氏からご提供いただいた。深く謝意を表する。）

『人間銘木――藤居平一追想集』私家版、一九九七年。

『年表ヒロシマ』中国新聞社、一九九五年。

日本被団協史編集委員会『ふたたび被爆者をつくるな――日本被団協50年史』あけび書房、二〇〇九年。

銘木史編集委員会『銘木史』全国銘木連合会、一九八六年。

小林徹編『原水爆禁止運動資料集』全四巻、緑陰書房、一九九五年。

広島市・長崎市原爆災害誌編集委員会『広島・長崎の原爆災害』岩波書店、一九七九年。

宇吹暁「被爆体験を戦後史の中で考える」『世界』二〇〇五年九月号。

〔第一章～第四章〕

『創立百年史』上・下・別巻、広島大学附属中・高等学校、二〇〇五年。

『曽田梅太郎先生思い出の記』一九七九年。

『早稲田大学百年史』第三巻・第四巻、一九九〇年、一九九二年。

広島平和記念資料館編『図録　原爆の絵　ヒロシマを伝える』岩波書店、二〇〇七年。

広島平和記念資料館展示資料・映像資料、国立広島原爆死没者追悼平和記念館映像資料。

今堀誠二『原水爆時代』上・下、三一書房、一九六〇年。

〔第五章～第一一章〕

宇吹暁『原爆被爆者対策史の基礎的研究』（研究成果報告書）一九九七年。

宇吹暁「被爆体験と平和運動」『戦後民主主義』（「戦後日本　占領と戦後改革」第四巻）岩波書店、一九九五年。

中国新聞社編『検証ヒロシマ1945–1995』中国新聞社、一九九五年。

高橋昭博『ヒロシマ　いのちの伝言』平凡社、一九九五年。

朝日新聞長崎総局編『祈り　ナガサキノート2』朝日文庫、二〇一〇年。

原爆被害者の手記編纂委員会『原爆に生きて』三一書房、一九五三年。

広島市編・刊『広島新史・歴史編』（一九八四年）、『広島新史・社会編』（一九八五年）。

中国新聞社編『ヒロシマ四十年――森滝日記の証言』平凡社、一九八五年。

藤原修『原水爆禁止運動の成立――戦後日本平和運動の原像　1954–1955』明治学院国際平和研究所、一九九一年。

藤原修「ヒバクシャの世紀――ヒロシマ・ナガサキ・ビキニ」『20世紀の中のアジア・太平洋戦争』（岩波講座「アジア・太平洋戦争」8、二〇〇六年）。

「生きていてよかった――被爆者運動50年」、『中国新聞』二〇〇六年七月三日～八日（西本雅実編集委員）。

亀井文夫『たたかう映画』岩波新書、一九八九年。

広島県被団協史編集委員会編『核兵器のない明日を願って――広島県被団協の歩み』二〇〇一年
山口仙二『115500㎡の皮膚――被爆43年の自分史』みずち書房、一九八八年。

長崎原爆青年乙女の会編『もういやだ――原爆の生きている証人たち』あゆみ出版社、一九五六年。

宇吹暁「日本原水爆被害者団体協議会の結成」『日本社会の史的構造――近世・近代』思文閣出版、一九九一年。

須藤叔彦『日本被団協小史』私家版、一九八六年。

中島竜美「『原爆医療法』制定までの経過と『法』の構造上の問題点」『原爆被害と国家補償』24号、二〇〇〇年。

大江健三郎『ヒロシマノート』岩波新書、一九六五年。

北西允「原水禁運動の分裂と統一」『広島法学』二号、一九七八年。

浅井基文編著『広島に聞く　広島を聞く』かもがわ出版、二〇一一年。

「原爆基本懇の議事録開示　『援護法』回避へ誘導」、『東京新聞』二〇一〇年八月一日朝刊（橋本誠記者）。

石田忠『原爆体験の思想化』『原爆被害者援護法』未來社、一九八六年。

栗原淑江『被爆者たちの戦後五〇年』岩波ブックレット、一九九五年。

栗原淑江「『自分史』を書く・『自分史』を読む――原爆被爆者（問題）との四〇年間をふりかえりつつ」『ヒバクシャ二〇一〇――ともに生きる』第二七号、原爆被害者相談員の会、二〇一〇年。

濱谷正晴『原爆体験――六七四四人・死と生の証言』岩波書店、二〇〇五年。

【写真提供】藤居美枝子・中国新聞社・共同通信社

著者紹介

大塚茂樹（おおつか・しげき）

1957年生まれ。1980年早稲田大学第一文学部卒業。岩波書店で長く編集者を務めて2014年早期退職。現在は著述業。76年に原水爆禁止運動で被爆者と出会い、80年代は反核運動に没頭しつつ被爆者像を問い直す。その経験を基に、アトピーの少年と被爆者との物語『やんばる君』（筆名・中野慶、童心社）を刊行。被爆者運動を長く支援してきた。被爆者を描いたその他の主著に『原爆にも部落差別にも負けなかった人びと---広島・小さな町の戦後史』（かもがわ出版、第22回平和・協同ジャーナリスト基金賞・奨励賞）がある。

まどうてくれ
藤居平一・被爆者と生きる

2011年7月8日　初版第1刷発行
2024年11月15日　　　第2刷発行

著　者　大塚茂樹
装　丁　佐藤篤司
発行者　木内洋育
発行所　株式会社旬報社
〒162-0041 東京都新宿区早稲田鶴巻町544
TEL 03-5579-8973　FAX 03-5579-8975
ホームページ　https://www.junposha.com/
印刷製本　シナノ印刷株式会社

ISBN978-4-8451-1217-3
JASRAC　出1106007-101